国外食品药品法律法规编译丛书

美国
药品流通监管

主编　陈永法

U0786466

中国健康传媒集团
中国医药科技出版社

图书在版编目（CIP）数据

美国药品流通监管 / 陈永法主编. — 北京 ：中国医药科技出版社，2019.11

（国外食品药品法律法规编译丛书）

ISBN 978-7-5214-0765-5

Ⅰ. ①美… Ⅱ. ①陈… Ⅲ. ①药品－商品流通－药品管理法－研究－美国 Ⅳ. ①D971.221.6

中国版本图书馆CIP数据核字（2019）第025220号

注

扫描书中二维码，
可阅读英文原版

美术编辑　陈君杞
版式设计　大隐设计

出版　中国健康传媒集团 | 中国医药科技出版社
地址　北京市海淀区文慧园北路甲 22 号
邮编　100082
电话　发行：010-62227427　邮购：010-62236938
网址　www.cmstp.com
规格　710×1000mm $^{1}/_{16}$
印张　17
字数　191 千字
版次　2019 年 11 月第 1 版
印次　2019 年 11 月第 1 次印刷
印刷　三河市万龙印装有限公司
经销　全国各地新华书店
书号　ISBN 978-7-5214-0765-5
定价　55.00 元

获取新书信息、投稿、为图书纠错，请扫码联系我们。

国外食品药品法律法规
编译委员会

本书编委会

主　编　陈永法

副主编　甘　珏

编　者（按姓氏笔画排序）

甘　珏　祁　舒　陈永法　黄晓娟

序

食品药品安全问题，既是重大的政治问题，也是重大的民生问题；既是重大的经济问题，也是重大的社会问题。十八大以来，我国坚持以人民为中心的发展思想和“创新、协调、绿色、开放、共享”的五大发展理念，全力推进食品药品监管制度的改革与创新，其力度之大、范围之广、影响之深，前所未有。

党的十九大再次强调，全面依法治国是国家治理的一场深刻革命，是中国特色社会主义的本质要求和重要保障。法律是治国之重器，良法是善治之前提。全面加强食品药品安全监管工作，必须坚持立法先行，按照科学立法、民主立法的要求，加快构建理念现代、价值和谐、制度完备、机制健全的现代食品药品安全监管制度。当前，《药品管理法》的修订正在有序有力推进。完善我国食品药品安全管理制度，必须坚持问题导向、坚持改革创新、坚持立足国情、坚持国际视野，以更大的勇气和智慧，充分借鉴国际食品药品安全监管法制建设的有益经验。

坚持食品药品安全治理理念创新。理念是人们经过长期的理论思考和实践探索所形成的揭示事物运动规律、启示事物发展方向的哲学基础、根本原则、核心价值等的抽象概括。理念所回答的是“为何治理、为谁治理、怎样治理、靠谁治理”等基本命题，具有基础性、根本性、全局性、方向性。理念决定着事物的发展方向、发展道路、发展动力和发展局面。从国际上看，食品药品安全治理理念主要包括人本治理、风险治理、全程治理、社会治理、责任治理、效能治理、能动治理、专业治理、分类治理、平衡治理、持续治理、递进治理、灵活治理、国际治理、依法治理等基本要素。这些要素的独立与包容在一定程度上反映出不同国家、不同时代、不同阶段食品药品安全治理的普遍规律和特殊需求。完善我国食品药品安全管理法制制度，要坚持科学治理理念，体现时代性、把握规律性、富于创造性。

坚持食品药品安全治理体系创新。为保障和促进公众健康，国际社会普遍建立了科学、统一、权威、高效的食品药品安全监管体制。体制决定体系，体系支撑体制。新世纪以来，为全面提升药品安全治理能力，国际社会更加重视食品药品标准、审评、检验、检查、监测、评价等体系建设，着力强化其科学化、标准化、规范化建设。药品安全治理体系的协同推进和持续改进，强化了食品药品安全风险的全面防控和质量的全面提升。

坚持食品药品安全治理法制创新。新时代，法律不仅具有规范和保障的功能，而且还具有引领和助推的作用。随着全球化、信息化和社会化的发展，新原料、新技术、新工艺、新设备等不断涌现，食品药品开发模式、产业形态、产业链条、生命周期、运营方式等发生许多重大变化，与此相适应，一些新的食品药品安全治理制度应运而生，强化了食品药品安全风险全生命周期控制，提升了食品药品安全治理的能力和水平。

坚持食品药品安全治理机制创新。机制是推动事物有效运行的平台载体或者内在动力。通过激励与约束、褒奖和惩戒、动力和压力、自律和他律的利益杠杆，机制使“纸面上的法律”转化为“行动中的法律”，调动起了各利益相关者的积极性、主动性和创造性。机制的设计往往都有着特定的目标导引，在社会转型期具有较大的运行空间。各利益相关者的条件和期待不同，所依赖的具体机制也有所不同。当前，国际社会普遍建立的食品药品分类治理机制、全程追溯机制、绩效评价机制、信用奖惩机制、社会共治机制、责任追究机制等，推动了食品药品安全治理不断向纵深发展。

坚持食品药品安全治理方式创新。治理方式事关治理的质量、效率、形象、能力和水平。全球化、信息化、社会化已从根本上改变经济和安全格局，传统的国际食品药品安全治理方式正在进行重大调整。互联网、大数据、云计算等正在以前所未有的方式改变着传统的生产、生活方式，而更多的改变正在蓄势待发。信息之于现代治理，犹如货币之于经济，犹如血液之于生命。新时期，以互联网、大数据、云计算等代表的信息化手段正在强力推动食品药品安全治理从传统治理向现代治理方式快速转轨，并迸发出无限的生机与活力。

坚持食品药品安全治理战略创新。战略是有关食品药品安全治理的全局性、长期性、前瞻性和方向性的目标和策略。国家治理战略是以国家的力量组织和落实食品药品安全治理的目标、方针、重点、力量、步骤和措施。食品药品安全治理战略主要包括产业提升战略、科技创新战略、行业自律战略、社会共治战略、标准提高战略、方式创新战略、能力提升战略、国际合作战略等。食品药品管理法律制度应当通过一系列制度安排，强化这些治理战略的落地实施。

坚持食品药品安全治理文化创新。文化是治理的“灵魂”。文化具有传承性、渗透性、持久性等。从全球看，治理文化创新属于治理创新体系中是最为艰难、最具创造、最富智慧的创新。

食品药品安全治理文化创新体系庞大，其核心内容为治理使命、治理愿景、治理价值、治理战略等。使命是组织的核心价值、根本宗旨和行动指针，是组织生命意义的根本定位。使命应当具有独特性、专业性和价值性。今天，国际社会普遍将食品药品安全治理的使命定位于保障和促进公众健康。从保障公众健康到保障和促进公众健康，这是一个重大的历史进步，进一步彰显着食品药品监管部门的积极、开放、负责、自信精神和情怀。

中国的问题，需要世界的眼光。在我国药品安全监管改革创新的重要历史时期，法制司会同中国健康传媒集团组织来自监管机构、高等院校、企业界的专家、学者、研究人员陆续翻译出版主要国家和地区的食品药品法律法规，该丛书具有系统性、专业性和实用性、及时性的特点，在丛书中，读者可从法条看到国际食品药品治理理念、体系、机制、方式、战略、文化等层面的国际经验，期望能为我国食品药品监管改革和立法提供有益的参考和借鉴。

焦　红

2017 年 12 月

前言

药品作为关系国民生命健康的重要特殊商品，在流通渠道如何保障其质量备受关注，对药品流通监管亦是政府重要工作内容之一。美国作为全球最大的药品生产和消费国，目前已经建立了较为完善的药品流通管理体系，呈现出高度集约、公开透明、效率公平等特点。为了更好地理解美国的药品流通监管，也为了我国能更好地借鉴其有益经验，编译者对美国关于药品流通的法律原文进行梳理，并经过翻译、整理、补充，呈现正文、翻译稿和法律原文三部分内容。

法律原文部分主要涵盖了《Public Law》和《Federal Food, Drug and Cosmetic Act》两部法律。其中，《Public Law》中包含标题Ⅱ－药品供应链安全、标题Ⅳ－一般性规定、标题Ⅴ－有效期三部分，涉及药品流通中的各项基本定义、各个主体许可要求、国家标准、治疗信息传播要求、惩罚措施等内容。而《Federal Food, Drug and Cosmetic Act》中则包含了第Ⅴ章药品和医疗器械（第A分章药品和医疗器械，以及第H分章药品流通供应链）以及第Ⅶ章一般性规定（第A分章一般行政规定与听证，第F分章非处方药的全国统一性规定以及化妆品标签或包装的禁令，第G分章安全性报告以及第H分章严重不良反应事件报告），共两大章、六分章的内容。

鉴于美国药品流通的相关法律较为分散，由原文翻译的内容不成体系。为了更好地帮助读者进行理解，书稿正文内容系编者对原文翻译整理而成，共分为六章。第一章概要介绍美国当前的药品流通体系以及美国药品流通法律中的术语内涵。第二章系统介绍美国药品流通监管的基本要求，包括药品流通监管总体要求、各流通主体监管具体要求、药品治疗信息宣传要求，以及非处方药严重不良事件报告要求等。第三章介绍了美国药品流通监管主体的政府职责和监管程序。之后三章则是分别对药品可及性保障、药品进出口、禁止行为与处罚等具体的药品流通环节相关管理或措施进行了介绍。

本书基本涵盖了美国关于药品流通监管的各个方面，既包括政府、药品生产商、批发分销商、零售商、分包商等药品流通中涉及的各个主体的权利、职责等要求，还涉及药品跟踪与追溯、可疑 / 非法 / 退还产品的处置、信息宣传、进出口等多个环节的要求等。

由于本书是依据美国多部法案围绕药品流通监管内容翻译整理而成，难免缺漏与不足之处，望广大读者批评、指正。

编　者

2019 年 11 月

目录

第一部分

第一章 药品流通概述

第一节 美国药品流通体系

随着医药市场的全球化，药品的质量和安全保障工作迎来了前所未有的挑战。如今谈及的药品流通，一般是指药品从生产，到形成最终产品，并到达终端消费者供其使用所经历的完整而复杂的过程。在这一过程中，药品时时刻刻面临着被污染、转移、仿冒或者掺假的风险。而电商的日益繁荣，也给予了犯罪分子更多投机取巧的机会。

美国是世界第一大医药产出国，其医药产业占据了全球医药市场超过30%的份额[1, 2]，是美国的支柱产业之一。同时，美国也是全球最大的医药产品消费国，其医疗支出费用占 GDP 的比重常年维持在 17% 以上[3]，联邦医疗保险和救助总局更是预测到 2024 年

1 OECD 报告：https://www.selectusa.gov/pharmaceutical-and-biotech-industries-united-states

2 医药行业－仿制药专题报告之：美国仿制药市场分析．https://finance.qq.com/a/20161103/036214.htm

3 Word bank：http://www.sohu.com/a/18880517_185337

这一数字将上升为19.6%[1]，远高于世界上任何一个发达国家。美国每年进口的医药产品来自全球150个国家的30万个工厂，与这一庞大的医药市场形成鲜明对比的是美国医药企业的数量仅有360家左右，且还在逐年减少；据统计，销售居前20位的制药企业占美国处方药市场份额的80%以上，由此可见美国医药产业的集中度很高。不仅如此，美国的医药流通行业经过多年的市场化并购，目前已经形成了高度集中的寡头垄断市场[2]。美国只有5家一级药品批发商[3]，排名前三位的麦肯森(McKesson)、卡迪那(Cardinal Health)和美源伯根(Amerisource Bergen)占据了美国药品批发市场85%的份额[4]。随之带来的美国药品零售行业的连锁化率也在逐步提高，并最终形成以CVS和沃尔格林(Walgreens)两家连锁企业为主的竞争格局，占据全美药妆市场将近90%的份额[5]。

一、美国药品流通的法律渊源

在美国销售的处方药中约有40%是来自国外，而80%的原料药也并非本土生产，由此带来的美国甚至全球范围内药品供应链日趋复杂[6]。从过去100多年美国对药品流通的立法历史中，可以了解到其为规范药品流通所做出的不懈努力，美国议会多次就

1 美国医疗费用全球最贵原因何在？http://www.cn-healthcare.com/article/20170111/content-488753.html

2 国外医药流通市场的产业链分析．http://www.sohu.com/a/132324443_255580

3 透视中美医药供应链差异．http://www.bosidata.com/news/W45043XETE.html

4 http://usstock.jrj.com.cn/2016/10/29052421636839.shtml

5 http://www.sohu.com/a/208464700_99978464

6 https://oig.hhs.gov/reports-and-publications/top-challenges/2016/challenge10.asp

药品供应链专门出台过相关法规，如从 1906 年颁布的《食品药品法》开始关注标签问题，1938 年《联邦食品药品和化妆品本法》关注掺假、错误标识和对生产设施的注册和检查，到 1988 年《处方药销售本法》所设立的“档案（Pedigree）”机制，到 2007 年《美国食品药品管理局修正案》进一步提出了“风险评估和减低计划（Risk Evaluation and Mitigation Strategies in the Unite State）”，力争在药品的全环节上尽可能地降低风险，保障用药安全。

除了联邦层面的立法之外，各州对药品流通也会进行立法。各州法名称不尽相同，有的称为“法典（Code）”，有的称为“成文法（Statute）”，或“修改过的法典 / 成文法（Revised Code/Statute）”。由此可见，多数的州法编撰方式都与《美国法典》相似，药品流通只是作为其中的一个部分，每次出现更新时都以增补或修订的形式进行更改。以华盛顿州为例，该州的法律为《华盛顿法典（Revised Code of Washington，RCW）》，其中第 69 章第 4 节是有关药品的国内贸易问题[1]，详细包含了药品标签、广告、掺假、违规等行为的规定。

二、美国药品流通的现状

美国的经济体系是以市场机制为基础的混合经济体系，实施以保护自由竞争为核心的经济政策，并以私有制作为其经济制度的基础，私有权和契约受到法律的严格保护。美国药品流通政策的目标，是在药品市场中维持和促进竞争，确保流通企业享有充分的自由经营权，获得均等的市场机会。

---

[1] 见 RCW 第 69.04 节 Intrastate commerce in food, drugs, and cosmetics.

（一）美国对药品流通的管理特点

1. 两级管理，各司其职

美国作为联邦制国家，针对国内事务，采取“联邦 + 州”的两级管理模式。为保证统一性，联邦政府在总体上保持管理的一致性，同时又给予各州很大的管理权，州政府可以根据各州情况就药品流通进行立法。

为保证政策目标的实现，联邦政府一般通过财政援助、技术援助、审查和调查、咨询以及对各种工作的监督和审批来管理州政府的工作。同时联邦和州政府可通过少量的行政手段干预药品流通，还有部分州利用商业特许权对药品流通企业进入市场进行限制。

2. 兼容并包，互相支持

美国的药品流通体系是一个高度集约化、高效和高安全性（“三高”）的系统。通过一系列组合进行管理：如制定和执行各种法律直接管理药品流通活动。本书整合了《联邦食品药品和化妆品本法》《美国食品药品管理局现代化本法》《食品药品监管安全及创新本法》《处方药销售法》《药品质量和安全本法》和《药品供应链安全法》等。

其中，2013 年通过的《药品供应链安全法》为联邦政府提供了一个在全国范围内对处方药的流通进行追溯的解决方案：到 2023 年，针对处方药，要建立一个由 FDA 管理的能细化到追踪单位药品流通的电子监控系统。这个系统的建立需要联邦政府内各部门和国会相互支持，共同努力。

（二）美国药品流通的模式

美国的药品流通始于20世纪70年代，历经40多年，已形成一个“三高”的流通格局。其药品流通方向大致可归纳为药品生产企业—（批发商）—零售商—患者（图1），从图中可看出，美国的药品流通市场主体包括药品生产商、批发商、第三方的物流供应商、药店等。如前文所述，得益于美国药品流通企业在巨大竞争压力下的重组和兼并，整个药品流通市场集中程度很高，中间环节很少。美国的药品流通模式具体有两种。

一是从药品生产商开始，只需通过一层药品批发商、分包商，就可以到达零售商或者医疗单位，最终到达患者；二是随着药品零售业的发展，药品零售企业也可以直接向药品生产商购进药品，并借助第三方物流体系对药品进行仓储和运输。

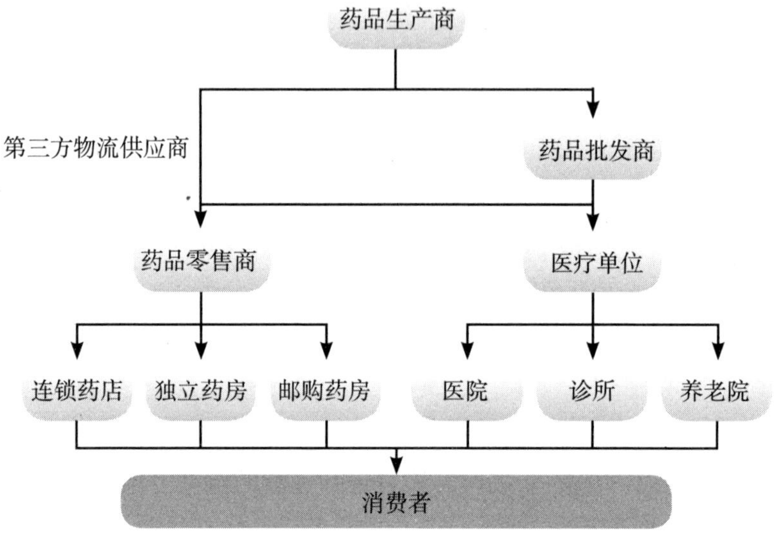

图1　美国药品流通模式图[1]

1　IMS National Sales Perspectives 2015

为了更好地理解美国药品流通的现状，必须先理清 FDA 为确保美国处方药的安全性和有效性所作出的努力。以 FDA 为代表的联邦政府管理药品的批准、生产、销售和广告，致力于防止不安全的、无效的、亚强效的、超强效的或者掺假的药品进入药店或者到达消费者的手上。药品出厂后，药品生产商一般会将药品直接（或者经分包商）运送给在 FDA 注册过的药品批发商（授权注册的一级或二级批发商），等待下一步销售。据统计，目前美国每天约有 1100 万个处方药，流动在其境内的 15 万个供应链点上；约 90% 以上的处方药由遍布全美的 150 多个一级批发中心分销。每个工作日由流通企业所分销的处方药和其他医疗产品金额约达 1500 万美元。需要注意的是，在整个药品流通的供应链中，每进行一次实体间的转移，药品都有被偷盗、掺假、篡改和储存不当的可能。

第二节　药品流通相关定义[1]

为便于读者的理解，本书整理了最新版《联邦食品药品和化妆品本法》[2] 中与药品流通相关的若干定义，如下[3]。

1　见 FDCA 第 201 节（即《美国法典》第 21 篇 321 节）以下适用于本法的其他定义由其他本法规定：
黄油。1923 年 3 月 4 日《本法》[即 21USC.321（A）] 将黄油定义为"仅由牛奶、奶油或两者一起制成的，可能含有食盐、色素，并且至少含 80% 的乳脂，允许有偏差的食品" 包装。《1919 年 7 月 24 日本法》[21USC.321(B)] 表明"'包装' 包括或应理解为包括生产商为销售便利，用纸或其他材料进行包装的肉制品"。脱脂奶粉，牛奶。《本法》(1956 年 7 月 2 日版)[21USC.321（C)] 将脱脂奶粉定义为"鲜奶经脱水脱脂后含与鲜奶相应比例的乳糖、牛奶蛋白和牛奶矿物质的制品。含水量不超过单位重量的 5%。除非另有说明，否则含脂重量不超过单位重量的 11.2%。"并将牛奶定义为味甜的牛乳。

2　以下简称本法

3　见 403（H)(3) 中含有（A)(B) 等内容的相关脚注

（1）（A）州（State）——指美国所有的州和领土，哥伦比亚特区和波多黎各自由邦。

（B）准州（Territory）——指美国拥有的所有准州和属地，包括哥伦比亚特区，但波多黎各自由邦和巴拿马运河区除外。

（2）州际贸易（Interstate commerce）——指（A）一州或准州与该州或准州以外的其他地方之间进行的贸易；和（B）哥伦比亚特区内的或那些没有立法机构的准州内的贸易。

（3）部（Department）——指健康与人类服务部。

（4）部长（Secretary）——指健康与人类服务部部长。

（5）人（Person）——指个人、合伙企业、公司和团体。

（6）（A）药品（Drug）——指：

a）《美国药典》《美国顺势疗法药典》或《国家处方集》及增补本中所认可的物品；

b）用于诊断、治愈、缓解、治疗或预防人或其他动物疾病的物品；

c）（除食品外）用于影响人或其他动物的结构和功能的物品；和

d）用以组成（a）（b）（c）项中任一成分的物品。

（B）仿冒药（Counterfeit Drug）——指药品容器或说明未经授权，

载有某一药品生产商、加工商、包装商和批发商的商标、商品名或其他识别记号、印章、图案或任何其他类似的形式。但实际上，该产品是由这些假冒的生产商、加工商、包装商或分销商生产或批发的。

（7）官方典籍（Official Compendium）——指《美国药典》《美国顺势疗法药典》《国家处方集》及上述的增补本。

（8）标签（Label）——指在直接接触物品的容器上呈现的手写、打印或绘制的图表；以及依本法提出或授权提出的要求规定这些文字、陈述或其他信息也应出现在外部容器或外包装上，或在该物品的零售包装外部，清晰可辨，否则便认为该文字、陈述或其他信息与事实不符。

（9）直接接触的容器（Immediate Container）——和药品直接接触的容器，但不包括包装内衬。

（10）标识（Labeling）——指商品所有容器或包装纸上（A）所有的标签和其他手写、打印或绘制的图表，或（B）商品随附的所有东西。

（11）错误标识（Misbranded）——指因标识或广告具有误导性而被称作错误标识物品的，确定标识或广告是否有误导性时，应考虑声明、文字、设计、图案或者以上的组合所体现或暗示的内容，还应考虑这些内容或材料，标识或广告未能显示的事实所达到的程度，因为按标识或广告规定的条件或者按习惯在常规条件下使用该物品可能产生上述误导的结果。

（12）新药[1]（New Drug）——指（A）经科学训练且经验丰富的专家评估认定，按照该药标识开方、推荐或建议使用时，具备其标识所称的安全性和有效性的药物（新售药或带有、含有新售药的动物饲料除外）。但在本法颁布生效之前，经1906年6月30日修订的《食品药品法》规定的，在此时间段内药品的标识同样描述其使用条件的药品，未经认可不得被视作“新药”；或

（B）药品的（新售药或带有、含有新售药的动物饲料除外）成分按上述使用条件进行安全性和有效性试验的结论已被普遍认可，但在上述试验之外，并没有在上述条件下进行后续一定程度和一定时间的研究。

（13）安全（Safe）——指对人和动物的健康而言。

（17）非正式听证（Informal hearing）——指不受《美国法典》第21卷第五章554、556或557节规定的听证，具体规定如下：

（A）由部长在不参与听证会的官员或员工中任命听证会主持，且部长对参与听证会的官员或员工不直接负责。

（B）听证会各方都有全程获得律师建议和陪同的权利。

（C）在听证会之前，听证各方都应得到有关听证事项的合理通知，包括部长采取或将采取行动的理由的全面陈述。以及对部长听证时将要阐明信息的简要介绍。

---

[1] 1962年药品修正案对本法所做的修改，包括确定新药生效的条件要求。该《公法》107（c）是关于修改适用性的规定。包括在该汇编附录［1962年药品修正案107（c）］中。

（D）听证中，听证各方都有权知晓有关听证所涉及的部长行动的全面陈述。有权提出合理问题，并有权提交与该行动有关的口头和书面信息。

（E）听证会主持官员应准备一份听证书面报告并附有所有听证中出示的书面材料。听证会的所有参与者都有权对该报告进行核实和补充。

（F）部长可要求记录听证会。各方付费后可拥有一份副本。此副本还应包括主持官员的报告。

（18）简略新药申请（Abbreviated New Drug Application）——指根据本法 505（j）为一种药品的批准而递交的申请。其标准建立在其他有相同活性成分的药物申请基础上，来确定其安全性和有效性。并且：

（A）依本法 306 节[1]规定，包括对该申请的药品不同或额外用法的申请补充，但是不包括除此以外的补充，以及

（B）依 307 和 308 节规定的情况下，包括该申请的任何补充。

（19）知悉（Knowingly）或已知（Knew）——指一个人对于信息：

（1）确实知道该信息，或

（2）有意忽视或无意漠视事实或错误信息。

[1] 这里指 FDCA 本法的 306 节

（20）药物制剂（Drug Product）——指符合《联邦食品药品和化妆品本法》505 和 512 节或 802 节规定的药品，或《公共卫生服务法》351 节规定的药品。

（21）局长（Commissioner）——指美国食品药品管理局局长。

（22）署长（Administrator）——指美国环境保护署署长。

（23）正电子发射成像断层配制药品（Compounded Positron Emission Tomography Drug）——指通过发射正电子显示核素在体内分布情况，用于生成正电子发射断层成像诊断图像，且包括任何用于制备该药品的非放射性试剂、试剂盒、成分、核素发生器、加速器、靶材、电子合成器或其他设备和计算机程序。

（24）抗生素（Antibiotic Drug）——指部分或全部由青霉素、链霉素、金霉素、氯霉素、杆菌肽组成的预期用于人类，含有一定量由微生物产生并在稀释液时就能抑制和杀灭其他微生物的任何化学物质（包括此类物质的化学合成的等效物），或其任何衍生物组成的任何药品（用于动物而不是人的药品除外）。

（25）优先补充申请[1]（Priority Supplement）——指 1997 年《美国食品药品管理局现代化本法》101（4）（法律汇编 111 卷 2298）提到的药品申请。

（26）主要物种（Major Species）——指牛、马、猪、鸡、火鸡、狗和猫，此外还包括部长通过规章添加到这个定义中的物种。

1　法律中如此编排，见《公法》107-109（法律汇编 115 卷 1413）5(h(1)

（27）次要物种[1]（Minor Species）——指除人类和主要物种以外的物种。包括观赏鱼、鹦鹉、雪貂和豚鼠在内的动物园动物，以及绵羊、山羊、鲶鱼、野鸟和蜜蜂等具有农业重要性的动物。

（28）较少使用[2]（Minor Use）——指某种用于主要物种（牛、马、猪、鸡、火鸡、狗和猫）的药品，该药品的预期用途较少发生，且在有限的地理区域内且每年仅有很少的数量。或仅发生于较少部分的动物。

（29）关联公司（affiliate）——指某企业单位与另一企业单位有直接或间接关系，可以是一方企业单位控制或有权控制另一企业单位；或是由第三方控制或有权控制两方企业单位。

（30）授权（authorized）——指

（A）生产商或分包商须依照本法第 510 节规定持有合法注册证件；

（B）批发商须依照本法第 582（a）（6）条规定，持符合州法或本法第 583 节规定的合法执照，并遵守《药物供应链安全本法》修订的 503（e）部分相应的许可报告要求；

（C）第三方物流供应商须依照本法第 582（a）（7）条的规定，持符合州法或本法第 584（a）（1）条规定的合法执照，并遵守本法第 584（b）条规定的许可报告要求；

---

1 出自 FDCA 第二节定义；以及“The Minor Use and Minor Species Animal Health Act of 2004,”简称“MUMS act”

2 出自 FDCA 第二节定义；以及“The Minor Use and Minor Species Animal Health Act of 2004,”简称“MUMS act”

（D）零售商须持符合州法规定的合法执照。

（31）零售商（dispenser）——包括：

（A）零售药房、医院药房、共同所有权控制下的非批发分销商性质的连锁药店，或者法律授权的具有处方药调配资格的个人，以及共同所有权控制下的非批发分销商性质的、附属这些企业实体的药品仓库和药品分销中心。

（B）依照本法第 512（a）（5）条的规定，本分章所指的零售商不包括仅调配兽药的个人。

（32）处置（disposition）——对某一拥有或控制产品权限的企业个体而言，处置指从药品流通供应链中移除该产品。该过程可能包括产品清理、产品退货、其他适当的处理措施，如保留样品以供生产商、监管机构或执法机构作进一步的物理检验或实验室分析。

（33）经销（distribute/distribution）——指销售、购买、贸易、递送、处理、储存或接收产品，但不包括本法中第 503（b）（1）条规定的处方配药行为或本法中 5 第 12（b）条批准的配药行为。

（34）独家经销商（exclusive distributor）——指经销商直接从生产商处采购产品，且其对下一级的分包商、批发分销商或零售商而言是该产品的唯一经销商。

（35）同质箱（homogeneous case）——指装有同一批次、同一国家药品编码（National Drng Code）产品的密封箱。

（36）非法产品（illegitimate product）——指有可靠证据证明产品有以下情况

（A）仿冒、转移或盗窃；

（B）故意掺假导致产品可能危害人类健康甚至引起死亡；

（C）涉及欺诈性交易；或

（D）产品不适宜分销，否则将极有可能危害人类健康甚至引起死亡。

（37）获得执照（licensed）——指（A）批发分销商根据实际情况持有符合本法第503（e）条或第582（a）（6）条规定的执照；

（B）第三方物流供应商根据实际情况持有符合本法第584（a）条或者第582（a）（7）条规定的执照；

（C）零售商持有符合州法的执照。

（38）生产商（manufacturer）——指（A）持有根据本法第505节规定经申请获批生产者或依照《公共卫生服务法》第351节经申请取得生产执照者；产品或产品并非在上述申请的对象范围内，其生产者亦为生产商；

（B）与（A）款所述共同持有执照的所有合伙人，合伙人可通过本款、（A）款或（C）款所述个人直接获得产品；

（C）为（A）款、（B）款所述个人之附属，其可直接从（A）款或（B）款所述个人处接收产品。

（39）包装（package）——指在分销过程中，拟售产品的生产商和分包商将其拆分形成的最小可独立出售单位。其中“可独立出售单位”指在流通环节中，拟售产品的生产商和分包商将其拆分形成的最小包装单位。

（40）处方药（prescription drug）——以下三类药品必须作为处方药：

（A）具有成瘾性的药物；

（B）因其毒性或其他潜在的伤害，以及使用方法或使用时要求的辅助措施，如果没有依法获准资格的医护人员的监督，使用该药时不安全的；

（C）由于 FDCA 第 355 节对获准申请的限制，必须在依法获准资格的医护人员的专业监督下使用[1]；

但不包括管制药品[2]、生物制剂[3]、大输液（包括腹膜透析液）、静脉注射药、手术中吸食的药或注射用药。

（41）产品（product）——指不需要进一步加工即可用于患者身上的有固定剂型的处方药（如胶囊剂、片剂和重构前的冻干剂）。

---

1 刘显玉．美国非处方药管理立法、审评程序及相关管理的研究 [D]. 复旦大学，2005. DOI:10.7666/d.y773044.

2 其定义见《管制物质法》第 102 节（《美国法典》第 21 卷第 802 节）

3 其定义见《公共健康服务法》第 351 节(《美国法典》第 42 卷第 802 节）

但根据本法第 582 节所述，“产品” 不包括用于输血的全血或成分血、放射性药物或放射性生物制品、造影药物、部分静脉注射产品[1]、医用气体、顺势疗法药物。

（42）产品标识符（product identifier）——指同时包含人类可读取形式及机器可读取数据载体的标准化图形，该类图形遵循公认国际标准研制单位建立的一套标准，如标准化数字标识符、批号和生产日期。

（43）隔离（quarantine）——指避免产品分销或转移，在储存或检测时为将其分别存放于具有明显标识的独立区域或通过其他途径隔离。

（44）分包商（repackager）——指拥有或运营从事分包装或重贴标识物公司的个人，其进行分包装是为了进一步销售或跳过进一步交易直接进行分销。

（45）退货（return）——指向售卖或分销产品的授权直接贸易伙伴退还该产品，或交由退货处理商或逆向物流供应商处理该类产品。

（46）退货处理商或逆向物流供应商（“returns processor” or “reverse logistics provider”）——指拥有或运营公司的个人，其公司业务为处置授权贸易伙伴退还的可售或不可售产品，产品经处理后或归由采购商、生产商、销售方或不再流入分销环节。

1 见 FDCA 第 24 条 B 项第 xiv、xv 或 xvi 款规定

（47）特定患者需求（specific patient need）——指为给特定患者配药而发生在药房间的产品转移。因潜在需求预先补充库存而发生的药房间产品转移不在此范畴。

（48）标准化数字标识符（standardized numerical identifier）——指用于唯一区别包装产品或同质箱的一组数字或符号。标准化数字标识符由与具体产品（包括特殊包装产品）相应的国家药品编码以及唯一的字母数字序列号（符号长度达 20 位）两部分组成。

（49）可疑产品（suspect product）——指包含以下迹象的产品：

（A）可能存在伪冒、转移或盗窃；

（B）可能存在故意掺假导致产品危害人类健康甚至引起死亡；

（C）可能涉及欺诈性交易；

（D）产品不适宜分销，否则将极可能危害人类健康甚至引起死亡。

（50）第三方物流供应商（third-party logistics provider）——指代表产品的生产商、批发分销商或分销商为州际产品贸易提供、协调仓储或者其他物流服务，但不获得产品所有权，亦无责指导产品销售或处置的企业实体。

（51）贸易伙伴（关系）（trading partner）——包括

（A）生产商、分包商、批发分销商或零售商从其他生产商、分包商、批发分销商或零售商处获得直接产品所有权，或直接将产品所有权转移给其他生产商、分包商、批发分销商或分销商；

（B）第三方物流供应商从生产商、分包商、批发分销商或零售商处获得直接产品所有权，或直接将产品所有权转移给其他生产商、分包商、批发分销商或零售商。

（52）交易（transaction）——指产品及其所有权在个体间转移。但是关联公司间或生产商内部任何产品的配送；以及医院间或同一管控权下的医疗卫生机构间的产品调拨等行为不包括在内[1]。

（53）交易历史（transaction history）——指包含所有流向产品生产商的前期产品交易信息的纸质或电子版声明。

（54）交易信息（transaction information）——指包括产品的所有权或既定商品名、产品的效价强度及剂型、产品的国家药品编码、容器尺寸、容器数量、产品批号、交易日期、装运日期（交易后超过 24 小时）、原产品所有者的公司名称及地址、现产品所有者的公司名称及地址等与交易相关的信息。

（55）交易声明（transaction statement）——指企业个体在交易中转移所有权的纸质或电子版声明。交易须符合以下条件：

（A）依照《药物供应链安全本法》获得授权；

（B）产品提供者依照《药物供应链安全本法》获得授权；

1　具体排除行为详见本法第 581（24）条中关于“交易”一词的排除行为

（C）依照本法第 582 节，须从上一个产品所有者处获得交易信息和交易声明；

（D）不故意运送可疑或非法产品；

（E）依照本法第 582 节对检验的要求，具备相关的体系和过程；

（F）不故意提供虚假交易信息；

（G）不故意篡改交易历史。

（56）核验（“verification” or “verify”）——指查明贴附或印刻在外包装或同质箱上的产品标识符是否依照本法第 582 节的规定，与生产商或分包商指定的标准化数字标识符、批次编码和有效期一致。

（57）批发分销商（wholesale distributor）——指从事批发行业［见本法第 503（e）（4）条，由《药物供应链安全本法》所修订］的个人（不包括生产商、生产商合作伙伴、第三方物流供应商或分包商）。需要按照本法第 503（e）（2）（A）节取得执照方可在美国境内进行处方批发与经销，但不包括根据本法第 801（d）（1）节经授权的进口商。

（58）不良反应事件（adverse drug event）——指使用药品出现的与健康相关的不良反应，包括：

（A）因有意或无意过量服药而导致的不良反应事件；

（B）因药品滥用而导致的不良反应事件；

（C）因停药而导致的不良反应事件；和

（D）因药品可预测的药理作用失败而导致的不良反应事件。

（59）非处方药（over the counter drug）——为了达到自我诊断、自我治疗、自我保健的目的，无需医师处方，可在药店中自行购买，能自我阅读药品说明书上有关用药方法，并能正确使用的具有安全性、有效性的药品。

（60）严重不良事件（severe adverse drug event）——指下列不良事件

（A）导致：（i）死亡；（ⅱ）生命垂危；（ⅲ）住院；（iv）持久性严重伤残或无能；（v）先天性畸形或出生缺陷；或

（B）在合理的医学判断基础之上，需要医疗或手术干预（A）小节描述的结果。

（61）严重不良事件报告（report of severe adverse drug event）——指根据第二部分规定的要求提交给部长的报告。

（62）未批准药品[1]（unapproved drug）——未被批准、许可或准许用于商业销售的产品。

---

[1] 本法第 505 节、第 510（k）节或第 515 节，或根据《公共卫生服务法》第 351 节

（63）已批准药品的未批准用途（unapproved application of approved drug）——已获批准、许可或准许销售的产品，但该产品的这种用途未经批准、许可或准许。

（69）药品短缺[1]（drug shortage）——指药品在一定时期内在美供应不能满足其需求量或预测的需求量。

（70）重大供应中断（meaningful disruption）——指在生产中出现某种变故，该变故极有可能导致生产企业的某药品供应量出现不容忽视的减少，影响生产企业完成订单任务或达到预期需求；但不包括企业因日常维护或生产中因小变更而出现的生产中断，且预计可在短时间内恢复的状况。

（71）进口商（importer）——指从国外向美国输送和引起药品销售的一方，包括药剂师或者批发商。

（72）药剂师（pharmacist）——指取得州执照从事药剂师业务，可以分发和销售处方药工作者。

（73）合格实验室（qualifying laboratory）——指美国境内符合本法规定经部长批准的实验室。

[1] 《FDA 安全与创新法》第十篇药品短缺第 1001 节至 1008 节

第二章 美国药品流通监管制度

第一节 药品流通监管法规简介

现代管理教育将供应链定义为："围绕核心企业，通过对商流、信息流、物流和资金流的控制，在产品生产和流通过程中，涉及从采购原材料开始到制成中间产品及最终产品，最后由销售网络把产品送到消费者手中的所有环节，由供应商、生产商、分销商、零售商、最终用户等所连接成的整体功能网链结构[1]。"据此，药品流通供应链则是指自生产商药品出厂开始到提供药品满足患者需求的过程中涉及的所有环节，该过程包括药品生产商、批发分销商、零售商、分包商、医院、药店等利益相关方，以及在这些环节中流动的商流、信息流、药品流和资金流。随着全球原料药和制剂生产的增长以及医药产品贸易交换愈加频繁，为确保所有进入药品供应链的产品满足必要的安全和质量要求，加强对全球供应链安全性的认识，美国制定了多个法规和自愿方案并采取相应措施，旨在防治药品供应

1 Chopra Sunil, Meindl Peter. 供应链管理：战略、规划与运营[M]. 李丽萍等译. 北京：社会科学文献出版社，2003.

链上出现的掺假、伪冒、非法转移等行为，确保药品的质量安全。

2013 年 11 月 27 日，美国总统奥巴马签署了《药品质量及安全法案》（Drug Quality and Security Act of 2013，DQSA），该法案一共分为两部分：《药品配制质量法案》（Compounding Quality Act）和《药品供应链安全法案》（Drug Supply Chain Security Act，DSCSA）。前者修订了《联邦食品药品和化妆品法案》（以下简称“法案”）中关于调配药品的内容[1]，豁免在执业药师直接监督指导下的调配药物过程中涉及的新药申请（NDA 或 ANDA）要求、标签上标注适当使用说明的要求以及 cGMP 要求[2]等。后者最主要的内容是要求药品供应链上的企业，包括生产商、批发分销商、零售商、分包商等，对药品进行 SNI 跟踪追溯管理、记录交易历史并对可疑的医药产品进行检验检测甚至采取进一步的管控措施。DSCSA 主要包括产品追溯、批发分销商及第三方物流供应商许可与标准两大部分内容。同时，DSCSA 已增补至法案中的第 H 分章（即“药品流通供应链”），分为第 581~585 节。该法从 2015 年 1 月起到 2023 年 11 月 27 日期间逐步实施，并要求自 2015 年 1 月以后，供应链上的每家企业需要传递交易记录文件，每项产品拥有包含十条交易细节[3]的交易信息、包装批次

[1] 即 FDCA 中 503A 和 503B 两节

[2] 即指 FDCA 中 501（a）（2）（B）—cGMP 要求，502（f）（1）—药品标签适当的使用说明，和 505—NDA 或 ANDA 申请

[3] 即《Public Law》“标题Ⅱ－药品供应链安全”“第 581 节定义”中“交易信息”包括：①产品的所有权（交易时会发生产品所有权转移）或既定商品名；②产品的效价强度及剂型；③产品的国家药品编码；④容器规格；⑤容器数量；⑥产品批号；⑦交易日期；⑧若超过交易日期后 24 小时，则需附上运送日期（运送时间过长可能会影响产品质量）；⑨原产品所有者的公司名称及地址；⑩现产品所有者的公司名称及地址

号、产品交易历史和此产品相关的遵守七项规定的交易声明[1]。所有公司必须记录和保管交易信息 6 年，当联邦或州立官员索要时，须能立即提供相关材料[2]。此外，根据 DSCSA，供应链上的生产商、分包商、批发分销商和零售商等利益相关方，应该遵守其在产品交易中的要求；如果某企业在药品供应链中既是生产商又是分包商，或是其他任何两个或以上的组合，那么该企业须达到相应生产商或分包商或其他的所有要求，但标准不叠加[3]。

DSCSA 颁布生效后，健康与人类服务部部长（以下简称“部长”）应与相关联邦官员、生产商、分包商、批发分销商、零售商和其他药品供应链利益相关者协商（in consultation with），并充分征求和采集利益相关者以及公众的评论和意见，且至少在 public docket 上公开并保留 60 天，方可开始起草与 DSCSA 相关的指导性文件[4]。部长发布的指导性文件中应包含对免除、特例情况和豁免信息等内容的审查与更新程序，每两年更新一次；同时应在生产商于包装

---

[1] 即《Public Law》“标题Ⅱ－药品供应链安全”“第 581 节定义”中“交易声明”指企业个体在交易中转移产品所有权的纸质或电子版声明，该企业应遵守以下规定：①依照《药物供应链安全法案》获得许可；②从依照《药物供应链安全法案》获得许可的企业处购买产品；③依照法案第 582 节，须从上一个产品所有者处获得交易信息和交易声明；④不故意（not knowingly）运送可疑或非法产品；⑤依照法案第 582 节对检验的要求，具备相关的体系和过程；⑥不故意（not knowingly）提供虚假交易信息；⑦不故意（not knowingly）篡改交易历史

[2] 美国颁布《药物供应链安全法案》. http: //news.eastday.com/eastday/13news/auto/news/world/u7ai2615749_K4.html

[3] 即《联邦食品药品和化妆品法案》(FDC&A)H 分章“第 582 节（a)(1）条 other activities”

[4] 即《联邦食品药品和化妆品法案》(FDC&A)H 分章“第 582 节（a)(2)（A）－（B）条”

或同质箱[1]上粘贴或印上产品标识符并将产品引入市场之前，至少不迟于180天提供指导性文件的生效期[2]。其次，部长应在DSCSA颁布实施后1年内、指导性文件草案发布之后，为纸质或电子版交易信息、交易历史、交易声明的可互操作性交换制定标准。在制定上述相关标准时，部长应采用国际标准化组织认可的格式，同时还需考虑制定该标准的可行性，即考虑药品流通供应链的成员将产品交易信息、交易历史和交易声明传递给下一级购买方，并为促进批次等级信息方便交换的可行性[3]。虽然DSCSA要求自2015年1月起，药品的所有者要提供有关药品来源去向的交易历史、交易信息和交易声明等信息，甚至是药品标识符等更多的信息，DSCSA也给予供应链上医药企业一定的缓冲期，即授权部长在DSCSA颁布后2年内发布指导性文件，说明即使有关于药品跟踪与追溯的相关规定，哪些药品在何种情况下即便无产品标识也可在供应链中流通（自该指导性文件生效日起）[4]。

在DSCSA颁布后2年内，部长应按照指示完成如下工作：①制定免除（waivers）的申请过程，以便获得许可的生产商、分包商、批发分销商或零售商可以请求免除本节中的部分要求。若部长判定该要求可能造成过度经济损失或突发医疗状况（包括《公共卫生服务法》第319节所述的突发公共卫生事件声明），则可能会准许上述企业的请求；②制定一个部长可界定特例情况

1 即《Public Law》“标题Ⅱ－药品供应链安全”“第581节定义”中“同质箱”指装有同一批次、同一国家药品编码产品的密封箱（sealed case）

2 即《联邦食品药品和化妆品法案》（FDC&A）H分章“第582节（a）（3）条”

3 即《联邦食品药品和化妆品法案》（FDC&A）H分章“第582节（a）（2）（A）条”

4 即《联邦食品药品和化妆品法案》（FDC&A）H分章“第582节（a）（5）（A）条”

（exceptions）的程序，以及供生产商或分包商申请特例情况的程序。在与产品标识符相关的情况下，若因容器规格太小或其他情况无法贴上囊括所有本节要求信息的标识物时，可界定为特例情况；③制定豁免（exemptions）程序以便部长界定应从本节要求中豁免的产品或交易[1]。

此外，与上述联邦立法不同，各州并未出台专门针对药品流通的单独法律，而是将其作为各州法典的一部分，进行相应的增补和修改，主要管理药品的国内贸易。以华盛顿州为例，该州立法中与药品流通有关的内容主要分布在《华盛顿法典（Revised Code of Washington，RCW）》的第 69 章，涉及了药品流通的方方面面，包括产品标签、广告传播、禁止行为和惩罚措施等方面的要求。

第二节 药品流通监管的总体要求[2]

总体而言，根据《药品供应链安全法案》（即法案的 H 分章第 581~585 节），联邦政府对药品流通的监管主要体现在对药品流通供应链中部分关键利益相关方获得许可，以及医药产品标识、跟踪与追溯、对非法产品和退还产品的处置、建立和操作电子数据库等环节提出了监管要求。

一、总体要求

首先，联邦政府对流通供应链上的批发分销商和第三方物流供应

1 即《联邦食品药品和化妆品法案》（FDC&A）H 分章“第 582 节（a）（3）（A）条”

2 根据《药物供应链安全法案》（即法案的 H 分章第 581~585 节）总结概括

商获得许可的行为作了规定。关于批发分销商的许可，虽然法案的第 581 节第（9）（A）条有规定，但依照第 583 节规定，自批发分销商许可条例生效起，处方药批发分销商应根据联邦的法规获得有效许可证[1]。关于第三方物流供应商的许可，根据法案第 584 节规定，自第三方物流供应商许可条例生效期起，第三方物流供应商应依照法案的第 581 节第（9）（B）条所述规定获得有效许可证，除非部长查获第三方物流供应商存在操作、分销和通告不规范的行为[2]。

其次，《药物供应链安全法案》的重点是产品标识、药品跟踪与追溯。法案规定自 2015 年 1 月起，在美国流通的药品需要提供有关来源去向的交易历史、交易信息和交易声明等信息，并逐步为药品赋上产品标识，以实现药品来源可查、去向可追。关于《药物供应链安全法案》中提及的产品标识符，当标识符贴或印在包装上时，相关可追溯数据应包含于二维数据矩阵条形码中；如果标识符贴或印在同质箱上，那么这些数据应当包含于二维数据矩阵条形码或线形条码中。除非依照指导性文件获得部长许可，一般而言，产品标识符应使用可替代或补充上述技术的数字科技，且要实现人工可读或机器可读[3]。然而，依照贸易惯例，在公司大批量进行加工、标识或再包装的无掺假、正确标识的药品，而非原始加工或包装的药品，可以豁免本法规定的标识和包装要求[4]。

此外，《药物供应链安全法案》还规定，在该法案颁布后两年内，

---

1 即《联邦食品药品和化妆品法案》（FDC&A）H 分章“第 582 节（a）（6）条”

2 即《联邦食品药品和化妆品法案》（FDC&A）H 分章“第 582 节（a）（7）条”

3 即《联邦食品药品和化妆品法案》（FDC&A）H 分章“第 582 节（a）（9）条”

4 即《联邦食品药品和化妆品法案》（FDC&A）A 分章“第 503 节（a）条”

部长应完成指导性文件，说明何种产品在何种情况下，即使有产品标识符的要求，药品流通供应链中的药品无产品标识符仍可得到豁免。同时，不迟于2015年1月1日起，生产商、批发分销商、零售商以及分包商在转移产品所有权之前或者转移当时，均应向下一环节产品所有者提供电子版或纸质版（单页独立文件）的交易历史、交易信息和交易声明[1]；然而，上述主体中获得许可的贸易伙伴可豁免提供交易信息，同时，于2015年1月1日前进入药品流通的产品所有者也可免于提供与前产品所有者的交易信息和交易声明收据[2]。但自2015年1月1日起，生产商、批发分销商、零售商以及分包商等产品所有者应开始记录产品交易时的各项交易历史信息。而依照《联邦法规》第21章第314节第70（d）节（或其他后续法规），若对包装标识物的更改仅限于纳入产品标识符，则可以公司年度报告的形式呈递给部长[3]。

最后，生产商、批发分销商、零售商以及分包商应在2015年1月1日之前建立药品的验证核查（verification）体系，以对流通过程中出现的可疑产品与非法产品进行验证核查并采取适当的处置措施，具体验证核查要求会在对各主体的流通监管要求中详述。同时，生产商、批发分销商、零售商以及分包商应按照要求建立安全的电子数据库，或运用另一企业实体建立或操作的安全数据库，数据库所有者应制定要求和程序以回应核查申请，还应向药品流通供应链其他成员提供适当的数据访问[4]。

---

1 即《联邦食品药品和化妆品法案》（FDC&A）H分章“第582节（b）-（e）（1）（A）条”

2 即《联邦食品药品和化妆品法案》（FDC&A）H分章“第582节（a）（5）（B）条”

3 即《联邦食品药品和化妆品法案》（FDC&A）H分章“第582节（a）（8）条”

4 即《联邦食品药品和化妆品法案》（FDC&A）H分章“第582节（b）-（e）（4）条”

二、具体资质要求

在美国的药品流通供应链中，主要的利益相关者包括联邦和州相关官员、药品生产商、分包商、批发分销商、零售商、医疗卫生机构、药店以及其他药品供应链利益相关者。其中，最关键的主体为生产商、批发分销商、分包商、第三方物流供应商以及零售商，根据法案 H 分章第 581 节的要求，上述主体必须先按照相关法规要求获得联邦或者各州的授权（authorized）、批准（licensed）等资质许可。其中，药品生产商或分包商须依照法案第 510 节规定持有合法注册证件；批发分销商须根据实际情况，依照法案第 582 节第（a）(6）条规定，持符合州法或法案第 583 节规定的合法执照，且要遵守《药物供应链安全法案》修订的第 503 节第（e）条规定的许可报告要求；第三方物流供应商须根据实际情况，依照法案的第 582 节第（a）(7）条规定，持符合州法或法案第 584 节第（a）(1）条规定的合法执照，且要遵守法案第 584 节第（b）条规定的许可报告要求；零售商须持符合州法规定的合法执照。本部分仅介绍联邦法律对批发分销商和第三方物流供应商的资质许可提出的国家标准，分为各主体应具备的许可要求，以及联邦政府对各主体的监管要求两部分。

（一）药品批发分销商的资质要求[1]

美国对处方药批发分销商的国家标准主要包括两点：一是部长应当在《药物供应链安全法案》颁布后 2 年内，建立处方药批发分销商许可（包括撤销、补发和变更许可）的相关标准，此类标准应具有统一性，适用于所有州和联邦关于处方药批发分销商的

[1] 即《联邦食品药品和化妆品法案》(FDC&A）H 分章“第 585 节国家统一政策”,《美国法典》第 21 卷第 360 节 eee—4 部分

许可要求；二是建立由联邦 / 州许可签发机关或委托第三方机构对获得许可的处方药批发分销商实施检查的机制，各州根据国家标准颁布相应的法规以指导本州处方药批发分销商的许可工作，例如宾夕法尼亚州于 1992 年开始实施的《宾州处方药批发分销商许可法案》(Wholesale Prescription Drug Distributors License Act)、威斯康辛州于 2006 年开始实施的《药房、处方药 / 器械分销商和生产商的商业模式和许可标准》(Business Models and the Requirements for Licensure of Pharmacy, Prescription Drug or Device Distributor and Drug Manufacturer）等。

根据法案第 583 节规定，自批发分销商许可条例生效期起，对处方药批发分销商的许可是指批发分销商按照州法持有合法证件。美国联邦政府对处方药批发分销商许可的具体要求如下。

1. 药品批发分销商的资质许可要求

在美国，各州从事药品批发分销的主体应持有药品销售所在州的许可。如果药品销售所在州没有设立颁发许可执照，那么该药品批发分销商应经健康与人类服务部（Health and Human Services, HHS）部长批准；如果药品销售发生在州与州之间（州际药品贸易），那么该处方药批发分销商在获得其所在州许可的基础上，若药品销售目的州有要求的话，还需要获得药品销售目的州的许可[1]。

2. 建立批发分销商许可的监管标准

在《药物供应链安全法案》颁布后 2 年内，HHS 部长应根据法案

---

1 即《联邦食品药品和化妆品法案》(FDC&A)H 分章“第 583 节（a）条”

第 503 节第（e）（1）条（经《药物供应链安全法案》修订）相关要求建立许可的监管标准，包括许可证的撤销、补发和变更[25]。为了确保许可标准的统一性，上述标准适用于第 503 节第（e）（1）条所述的所有州和联邦的许可证，还应包括以下标准[1]。

（A）处方药的储存和处理，包括设施要求。

（B）建立和维护这些药物的分销记录。

（C）提供债券或其他相当于担保的方式，如下所示：

（a）（i）颁发或变更批发分销商的许可证，申请人若非政府拥有或经营的批发分销商，应提交 100000 美元的保证金或州政府可接受的其他等效的担保方式；

（ii）根据第（i）条款，如果批发分销商上一纳税年度的年总收入是 10000000 美元或少于 10000000 美元，则州政府或其他适用机关可接受金额为 25000 美元的保证金；

（b）如果批发分销商可提供证据证明其拥有某一个州所要求的债券，则应豁免其在另一个州的债券要求。

（D）对设施管理人员或指定代表进行强制性背景审查和指纹识别。

（E）建立和实施关键人员资质的相关要求。

---

1 即《联邦食品药品和化妆品法案》（FDC&A）H 分章“第 583 节（b）条”

（F）对批发分销商使用的任何设施进行符合法案第 503 节第（c）条规定的强制性物理检查，这样的检查可贯穿于从设施的初步应用，到由许可机关或州对设施进行许可的整个阶段。为此，可由联邦或州许可签发机关对药品批发分销商实施检查，或接受设施所在州的检查，或由部长 / 州批准的第三方机构进行认证或检查[1]。

（G）建立相关的标准，以禁止个人获得或持有批发分销商许可证。禁止个人获得或持有批发分销商许可证的情况包括：

（a）被宣判严重违反批发分销规定或严重违反第 301 节（i）、（k）小节规定的行为，或任何严重违反《美国法典》第 18 卷第 1365 节中关于篡改产品规定的行为；或

（b）从事违反本节要求或州政府关于许可证要求的活动，并可能妨害公众健康甚至引起死亡[2]。

（二）药品第三方物流供应商的资质要求[3]

药品第三方物流供应商是指除药品供方与药品需方以外的专业物流服务公司，通过缔结契约或合同的方式为物流需求企业提供药品物流服务。依照法案第 584 节规定，自第三方物流供应商许可条例生效期起，第三方物流供应商应依照第 581 节第（9）（B）条规定获得许可，除非 HHS 部长查获第三方物流供应商存在操

1　即《联邦食品药品和化妆品法案》（FDC&A）H 分章“第 583 节（c）条”
2　即《联邦食品药品和化妆品法案》（FDC&A）H 分章“第 583 节（d）条”
3　即《联邦食品药品和化妆品法案》（FDC&A）H 分章“第 585 节国家统一政策”，《美国法典》第 21 卷第 360 节 eee—4 部分

作、分销和通告不规范的行为。第三方物流供应商须获得 HHS 部长的许可，方可进行州内或州际的药品配送，部长在授权许可第三方物流供应商时可按照规定收取一定的费用。

如前所述，第三方物流供应商须根据实际情况，依照法案中的第 582 节第（a）（7）条规定，持符合州法或法案中的第 584 节第（a）（1）条规定的合法执照，并遵守法案中第 584 节第（b）条规定的许可报告要求。美国联邦对药品第三方物流供应商许可的具体要求如下。

1. 药品第三方物流供应商的资质许可要求

任何一个州的第三方物流供应商不得在该州进行相应的活动，除非该第三方物流供应商的每一处基础设施（facilities）[1]——

（1）（A）系根据部长颁布的有关第三方物流供应商许可标准的相关规定，由第三方物流供应商在该州配送药品时获得许可；

（B）如若第三方物流供应商配送药品的州尚未建立相应的许可要求，但是这些设施已经根据（d）小节相关规定[2]获得 HHS 部长的许可。

（2）在进行州际配送的情况下，虽然该第三方物流供应商未能如第（1）（B）条所述获得 HHS 部长的许可，但是其在将药物配送到某一州的时候获得该州对第三方物流供应商的许可。

---

1 即《联邦食品药品和化妆品法案》（FDC&A）H 分章“第 584 节（a）条”

2 即《联邦食品药品和化妆品法案》（FDC&A）H 分章“第 584 节（d）条”

总而言之，第三方物流供应商若想在美国各州从事药品配送工作，那么其设施必须获得所在州的许可，该许可要求应根据联邦颁发的相关许可标准法规制定；如果第三方物流供应商所在州尚未根据联邦的许可标准建立相关许可要求，那么应获得 HHS 部长的许可。第三方物流供应商在进行州际配送时，即使未能获得部长的许可，但如果获得了药品配送目的州的许可，那么该第三方物流供应商同样可以在该州进行相应的药品配送活动。按照联邦建立的许可标准规定，如果部长认为第三方认证（a third-party accreditation program）符合本节规定的所有适用要求，部长应向接受认证的第三方物流供应商颁发相应许可证。只要第三方物流供应商保持与规定所述一致，则该许可证就是有效的[1]。

2. 建立第三方物流供应商许可的监管标准

部长应在《药物供应链安全法案》颁布之日起 2 年内，颁布有关药品第三方物流供应商许可标准的法规，包括撤销并补发本节中第三方物流供应商的许可证。该许可标准的法规中应包括如下内容[31]：

（1）建立健康与人类服务部部长批准的第三方认证，应第三方物流供应商之要求，部长应给每一个符合本节中要求的第三方物流供应商颁发许可证。

（2）如果因为该认证不符合健康与人类服务部部长批准第三方认证的要求，则部长不能批准第三方认证；此种情况下应建立相应的程序，使部长给每一个符合本节中要求的第三方物流供应商颁

---

1 即《联邦食品药品和化妆品法案》(FDC&A) H 分章“第 584 节 (e) 条”

发许可证。

（3）要求第三方物流供应商符合健康与人类服务部部长确定的有关设施的储存方法，包括

（Ⅰ）保持适当规模的仓库空间，以方便安全操作，包括用于隔离可疑产品的合适区域；

（Ⅱ）确保足够的安全；

（Ⅲ）依据已成文的政策和程序（written policies and procedures）以

（ⅰ）处理产品的接收、安全、储存、库存、装运和配送事宜；

（ⅱ）在美国确认、记录以及报告经确认的损失或盗窃事宜；

（ⅲ）纠正存货清单中的错误或不准确等情况；

（ⅳ）为生产商的召回活动提供支持；

（ⅴ）准备、预防和解决影响设施安全或操作的任何合理的、可预见的危机，如袭击、火灾或洪水；

（ⅵ）确保任何过期或被破坏的产品与其他产品隔离并退还给生产商或分包商；

（ⅶ）保持对产品收据和出库配送情况以及库存供应和记录的追溯能力；

（ⅷ）在各自的生产商、批发配送商或授权的政府机构的要求下，隔离或销毁可疑产品。

（4）如健康与人类服务部部长此前所决定，应由许可机构对该设施仓库空间进行定期检查，以确保其符合本节要求。

（5）禁止严重违反第 301 节第（i）或（k）小节规定，或违反《美国法典》第 18 卷第 1365 节中关于篡改产品规定的管理人员或指定代表接触设施。

（6）对设施管理人员或指定代表进行强制性背景审查。

（7）要求第三方物流供应商应许可机构之要求，向许可机构提供该第三方物流供应商利用此类设施提供服务的所有产品生产商、批发配送商和零售商的目录。

（8）包括任何第三方物流供应商许可的程序

（Ⅰ）许可证在签发日期 3 年后到期；和

（Ⅱ）许可证可在到期后变更并获得另外 3 年期限。

3. 第三方物流供应商定期报告及费用收取情况

自《药物供应链安全法案》颁布之日起 1 年后，第三方物流供应商应就其设施状况向健康与人类服务部部长报告，此报告可按照部长所拟定的年度计划上报，报告的内容可包括：此设施获得许可的州以及相应的执照号码；该设施的名称和地址，以及在该设施下正常营业的所有商标[1]。

部长或者各州在对第三方物流供应商进行授权许可的时候，根据法规要求可以收取一定的合理费用。具体费用收取要求以及标准如下[2]：

（1）健康与人类服务部部长授权费用——如果州政府尚未建立关于第三方物流供应商的许可程序，健康与人类服务部部长可为该州的第三方物流供应商颁发执照，并可收取一定数量的合理费用以偿还部长根据本节在建立、管理以及定期检查许可程序方面的花费。

部长应在年度费用的基础上适当调整收费率，仅计算进行该项服务的必要费用。本条授权收取的费用仅限用于履行义务，且收取的数额应提前在拨款法案中加以说明。这些授权费用在耗尽之前一直有效。如有必要，这些费用可从无财政年度限制的美国食品药品管理局收入和支出拨款账户转账至有财政年度限制的收入和支出拨款账户。

（2）州许可费用

（A）若某一州已经建立了给第三方物流供应商颁发许可证的程序，则不得禁止该州向已获得该州许可的第三方物流供应商收取费用。

（B）若某一州尚未建立给第三方物流供应商颁发许可证的程序，则禁止该州向获得他州许可的第三方物流供应商收取费用。

---

1 即《联邦食品药品和化妆品法案》(FDC&A)H 分章“第 584 节（b）条”
2 即《联邦食品药品和化妆品法案》(FDC&A)H 分章“第 584 节（c）条”

第三节 对药品流通各主体监管的具体要求[1]

一、对药品生产商的要求

药品生产商在药品流通过程中承担产品追溯的主体责任，FDA对其在产品标识与追溯，对可疑产品、非法产品和退还产品的处置（验证核查），以及建立和操作电子数据库等环节提出了具体要求。

（一）产品标识与追溯（Product Identifier and Product Tracing）

自《药物供应链安全法案》颁布之日起不迟于4年，生产商应在即将交易的产品外包装或同质箱上粘贴或印上产品标识符（包括标准化数字标识符）[2]。该生产商在交易后应保存产品标识符信息至少6年[3]。

2015年1月1日开始，生产商在转移产品所有权之前或转移时，应向下一环节的产品所有者提供电子版或纸质版（单页独立文

[1] 即《联邦食品药品和化妆品法案》（FDC&A）H分章"第582节要求"，《美国法典》第21卷第360节eee—1部分

[2] 即《Public Law》"标题Ⅱ－药品供应链安全""第581节定义"中"产品标识符"指同时包含人类可读取形式及机器可读取数据载体的标准化图形，该类图形遵循公认的国际标准研制单位建立的一套标准，如标准化数字标识符、批号和生产日期等

"标准化数字标识符（SNI）"指用于唯一区别包装产品或同质箱的一组数字或符号，由国家药品编码（NDC）和序列号组成。根据《联邦食品药品和化妆品法案》（FDC&A）H分章"第582节（b）（2）（B）条"规定：具有标准化数字标识符的包装上也可以有其他的标识符

[3] 即《联邦食品药品和化妆品法案》（FDC&A）H分章"第582节（b）（2）（A）条"

件）的交易历史、交易信息和交易声明。同时，还应获取所有交易中涉及的交易信息（包括批次等级信息）、交易声明并在交易后保留该信息、记录和声明至少6年[1]。如果健康与人类服务部部长（以下简称“部长”）或者其他联邦、州政府相关官员出于召回或者调查可疑/非法产品的目的，要求药品生产商提供相关产品信息，生产商应按照上述要求，在收到请求后不迟于1个工作日且不超过48小时内，或者在部长规定的适当期限内按要求提供交易信息、交易历史和交易声明[2]。此外，自《药物供应链安全法案》颁布之日起不迟于4年，如无特殊情况，生产商应以电子形式提供交易信息、交易历史和交易声明等内容，但仍可继续以书面形式向按照州法获得授权可开具处方者、以及在专业配药的从业人员的监督或指导下获得许可的其他个人[3]提供上述内容。

（二）验证核查

2015年1月1日前，生产商应建立与处置可疑产品、非法产品、退还产品相适应的管理体系，并遵照以下规定或程序处置上述产品，或者符合联邦政府提出的其他要求[4]。

1 即《联邦食品药品和化妆品法案》（FDC&A）H分章“第582节（b）（1）（A）条”

2 即《联邦食品药品和化妆品法案》（FDC&A）H分章“第582节（b）（1）（B）条”

3 即《联邦食品药品和化妆品法案》（FDC&A）H分章“第582节（b）（1）（C）条”

4 即《联邦食品药品和化妆品法案》（FDC&A）H分章“第582节（b）（4）条”

1. 可疑产品[1]

如果生产商认为其拥有或控制的产品为可疑产品，或部长确定其为可疑产品并发出检验请求后，生产商应对其作如下处置。

（Ⅰ）在生产商拥有或控制范围内，将该产品与其他即将进入分销过程的产品隔离，直到产品嫌疑消除或得到适当处置；

（Ⅱ）根据具体情况，立即与贸易伙伴协作进行调查，以确定该产品是否为非法产品。调查应包括确认生产商拥有的所有适用的交易历史和交易信息，以及其他确定该产品是否为非法产品的相关调查。另外，在《药物供应链安全法案》颁布 4 年后须在封装级别验证产品（verifying the product at the package level）（包括标准化数字标识符）。

经过调查，如果生产商最终确定可疑产品不是非法产品，则生产商应视具体情况尽快通知部长，以便让该产品继续分销。同时，生产商应保存可疑产品的调查记录不少于 6 年（从调查结果作出之日起）。

2. 非法产品[2]

2.1 处置程序

如果生产商拥有或控制的产品经确定被认为是非法产品，生产商

---

[1] 即《联邦食品药品和化妆品法案》（FDC&A）H 分章“第 582 节（b）（4）（A）条”

[2] 即《联邦食品药品和化妆品法案》（FDC&A）H 分章“第 582 节（b）（4）（B）条”

应依照以下体系和程序进行处置：

（Ⅰ）在生产商拥有或控制范围内，将该产品与其他即将进入分销过程的产品隔离，直到非法产品得到适当处置；

（Ⅱ）对生产商拥有或控制范围内的非法产品进行处置；

（Ⅲ）对生产商拥有或控制范围外的非法产品，采用合理的措施协助贸易伙伴进行处置；

（Ⅳ）在必要和恰当的情况下，依照部长（或其他相关的联邦、州政府官员）的要求，保留产品样品以供生产商或部长（或其他相关的联邦、州政府官员）作进一步的物理检查或实验室分析。

2.2 通知程序

一旦产品被确定为非法产品，生产商应及时做好相关的通知工作。首先，如果确认生产商拥有或控制的产品为非法产品，生产商应在产品不合法性确认后 24 小时内通知部长以及所有可能接收到该批产品的直接贸易伙伴。同时，如果非法产品可能存在风险，特别是高风险，那么生产商应在确认产品不合法风险，或被部长、贸易伙伴通知产品存在不合法风险后 24 小时内，通知部长以及可能持有或据传持有该批非法产品的直接贸易伙伴。这里提及的产品“高风险”可能包括：增加非法产品进入药品流通供应链的可能性的具体风险；其他由部长依照第（h）小节界定的高风险[1]。

[1] 即《联邦食品药品和化妆品法案》(FDC&A)H 分章“第 582 节（h）条”

从部长或贸易伙伴处收到关于产品被认定为非法的通知之后，生产商应根据该通知对其拥有或控制的所有非法产品进行识别，包括后来接收的所有非法产品，并依照上述Ⅰ～Ⅳ的规定采取适当措施。在生产商与部长协商确定不再需要通知后，应依照规定立即告知直接贸易伙伴“通知”终止一事。与对可疑产品的处置类似，非法产品的处置结果发布后，生产商应将处置记录保存至少6年。

3. 退还产品

针对已售出却被退还至生产商的产品，包括以下两种情形：

（1）若该退还产品仍是可售产品且生产商欲将其继续分销时，那么根据《药物供应链安全法案》的规定，在该法案颁布4年后，生产商应先核查密封同质箱的产品标识符（包括标准化数字标识符）。若产品非密封同质箱封装，则核查每一包装上的产品标识符（包括标准化数字标识符）[1]。

（2）如果该退还产品为不可售产品，那么收到退还产品的生产商可将该产品退还给其上游供应商，包括原生产商、分包商、批发分销商或代表以上角色的中间人，包括不用提供产品交易历史、交易信息和交易声明等所需内容的退货处理人[2]。

1 即《联邦食品药品和化妆品法案》(FDC&A)H分章“第582节（b)(4)(E)条”

2 即《联邦食品药品和化妆品法案》(FDC&A)H分章“第582节（b)(4)(F)条”

4. 验证核查申请

在《药物供应链安全法案》颁布 4 年后，如果分包商、批发分销商等其他相关主体希望查看可疑产品或非法产品的处置情况，可以依照相关的程序提出申请。若分包商、批发分销商或分销商拥有或控制某产品，且确认该产品为某生产商生产，则可向该生产商提出验证核查申请。收到申请后，生产商应根据具体情况，在 24 小时内或在部长规定的合理时间内通知申请者，告知其申请中包含的产品标识符（包括标准化数字标识符）是否与生产商粘贴或印在产品上的标识符一致。如果申请验证核查的产品标识符与生产商粘贴或印在产品上的标识符不一致，则生产商应将该批产品视为可疑产品并依照可疑产品的处置程序进行调查。如果生产商有理由相信该批产品为非法产品，则生产商应建议申请者在收到生产商答复时根据生产商意见提出验证核查申请[1]。

为了规范申请流程,《药物供应链安全法案》规定生产商应建立安全的电子数据库，或运用另一企业实体建立或操作的安全数据库。数据库所有者应制定相关要求和程序应对验证核查申请，还应向药品流通供应链的其他成员提供适当的数据访问。需要注意的是，即便有电子数据库的建立和运用，生产商仍需对通过数据库以外的其他方式提交的验证核查申请进行回复[2]。

---

1 即《联邦食品药品和化妆品法案》（FDC&A）H 分章“第 582 节（b）（4）（C）条”

2 即《联邦食品药品和化妆品法案》（FDC&A）H 分章“第 582 节（b）（4）（D）条”

二、对药品批发分销商的要求

药品批发分销商在药品流通过程中承担产品追溯的重要责任，应按要求提供交易历史、交易信息和交易声明等追溯证明材料。与药品生产商一样，FDA 对其在产品标识与追溯，对可疑产品、非法产品和退还产品的处置（验证核查），以及建立和操作电子数据库等环节也提出了具体要求。

（一）产品标识与追溯

自《药物供应链安全法案》颁布 6 年后，只有当交易的产品采用产品标识符编码时（除（a）（5）条中所述情况之外[1]），批发分销商才可从事涉及产品的交易[2]。根据该法案，最迟自 2015 年 1 月 1 日起，批发分销商应满足以下要求[3]：

（1）如果部长或其他联邦、州政府相关官员出于召回或调查可疑产品 / 非法产品的目的，要求批发分销商提供相关产品信息，批发分销商应按照上述要求，在收到请求后不迟于 1 个工作日且不超过 48 小时内，或在部长规定的适当期限内按要求提供交易信息、交易历史和交易声明[4]。

---

1 即《联邦食品药品和化妆品法案》（FDC&A）H 分章“第 582 节（a）（5）条”：在该法案颁布后两年内，HHS 部长完成指导性文件，说明哪些药品在何种情况下即便无产品标识符也可在供应链中流通

2 即《联邦食品药品和化妆品法案》（FDC&A）H 分章“第 582 节（c）（2）条”

3 即《联邦食品药品和化妆品法案》（FDC&A）H 分章“第 582 节（c）（1）（A）条”

4 即《联邦食品药品和化妆品法案》（FDC&A）H 分章“第 582 节（c）（1）（C）条”

（2）除非前一个环节的产品所有者在交易前或交易时提供了产品交易历史、交易信息和交易声明，否则批发分销商不得接收产品、获得所有权。

（3）如果批发分销商直接从生产商、生产商指定的独家经销商、生产商直接售卖的分包商处购买产品，那么，在批发分销商每次进行转移产品所有权的交易之前或交易时，其应向后续购买者提供交易声明、交易历史和交易信息。具体要求如下：交易声明中应说明产品是由该批发分销商或其关联公司从生产商、生产商指定的独家经销商、生产商直接售卖的分包商处直接购买的；交易历史和交易信息中不要求提供产品批号、首次交易日期或生产商首次装运日期（见法案第581（26）节（F）（G）（H）条）。如果后续购买者为零售商，那么批发分销商应提供纸质版或电子版的交易历史、交易信息和交易声明；如果后续购买者为其他批发分销商，那么可以采用内部纸质版、电子版或二者的混合形式提供交易历史、交易信息和交易声明等信息，或者由生产商将信息提供在产品外包装上。

（4）若批发分销商未能直接从生产商、生产商指定的独家经销商、生产商直接售卖的分包商处购买产品，那么，按照拟在DSCSA颁布后2年内发布的指导性文件规定，在每笔交易及后续交易之前或交易时，批发分销商应向后续购买者提供纸质版或电子版交易声明、交易历史和交易信息。这些内容的具体要求与第（3）条所述要求相同。

（5）在交易过程中，批发分销商应获取符合上述要求的交易信息（包括批次信息）、交易历史和交易声明，且自交易日起保存该信息、历史和声明至少6年。同时，批发分销商还应对产品交易信息（包括批次信息）、交易历史、交易声明保密，不对除部长或其他相关的联邦、州政府官员之外的人透露信息。但是,《药物供应链安全法案》规定，自该法案颁布 6 年后，根据批发分销商和后续购买者之间的书面协议，批发分销商可向该产品的后续购买者公开交易信息，包括产品的批次信息、交易历史或交易声明[1]，除了这种情况以外，批发分销商一律不得公开其他应保密的信息。

（二）验证核查

最迟自 2015 年 1 月 1 日起，批发分销商应建立与处置可疑产品、非法产品、退还产品相适应的管理体系，并遵照以下规定或程序处置上述产品，或者符合联邦政府提出的其他要求[2]。

1. 可疑产品[3]

如果批发分销商认为其拥有或控制的产品为可疑产品，或部长确定其为可疑产品并发出检验请求后，批发分销商应对其作如下处置：

（Ⅰ）在批发分销商拥有或控制范围内，将该产品与其他即将进入分销过程的产品隔离，直到产品嫌疑消除或得到适当处置；

---

1 即《联邦食品药品和化妆品法案》（FDC&A）H H 分章“第 582 节（c）（1）（D）条”

2 即《联邦食品药品和化妆品法案》（FDC&A）H 分章“第 582 节（c）（4）条”

3 即《联邦食品药品和化妆品法案》（FDC&A）H 分章“第 582 节（c）（4）（A）条”

（Ⅱ）根据具体情况，立即与贸易伙伴协作进行调查，以确定该产品是否为非法产品。调查应包括确认批发分销商拥有的所有适用的交易历史和交易信息，以及其他确定该产品是否为非法产品的相关调查。另外，在《药物供应链安全法案》颁布 6 年后（除（a）（5）条中所述情况之外），须在封装级别验证产品（包括标准化数字标识符）。

经过调查，如果批发分销商最终确定可疑产品不是非法产品，则批发分销商应视具体情况尽快通知部长，以便让该产品继续分销。同时，批发分销商应保存可疑产品的调查记录不少于6年（从调查结果作出之日起）。

2. 非法产品[1]

2.1 处置程序

如果批发分销商拥有或控制的产品经确定被认为是非法产品，批发分销商应依照以下体系和程序进行处置。

（Ⅰ）在批发分销商拥有或控制范围内，将该产品与其他即将进入分销过程的产品隔离，直到非法产品得到适当处置；

（Ⅱ）对批发分销商拥有或控制范围内的非法产品进行处置；

（Ⅲ）对批发分销商拥有或控制范围外的非法产品，采取合理的措施协助贸易伙伴进行处置；

1 即《联邦食品药品和化妆品法案》（FDC&A）H 分章“第 582 节（c）（4）（B）条”

（Ⅳ）在必要和恰当的情况下，依照生产商或部长（或其他相关的联邦、州政府官员）的要求，保留产品样品以供生产商或部长（或其他相关的联邦、州政府官员）作进一步的物理检查或实验室分析。

2.2 通知程序

一旦产品被确定为非法产品，批发分销商应及时做好相关的通知工作。首先，如果确认批发分销商拥有或控制的产品为非法产品，批发分销商应在产品不合法性确认后 24 小时内通知部长以及所有可能接收到该批产品的直接贸易伙伴。从部长或贸易伙伴处收到关于产品被认定为非法的通知之后，批发分销商应根据该通知对其拥有或控制的所有非法产品进行识别，包括后来接收的所有非法产品，并依照上述Ⅰ～Ⅳ的规定采取适当措施。在批发分销商与部长协商确定不再需要通知后，应依照规定立即告知直接贸易伙伴"通知"终止一事。与对可疑产品的处置类似，非法产品的处置结果发布后，批发分销商应将处置记录保存至少 6 年。

3. 退还产品[1]

针对已售出却被退还至批发分销商的产品，有以下两种情形：

（1）若该退还产品仍是可售产品且批发分销商欲将其继续分销时，那么根据《药物供应链安全法案》的规定，在该法案颁布 6 年后，批发分销商应先核查密封同质箱的产品标识符（包括标准化数字标识符）。若产品非密封同质箱封装，则核查每一包装上的产品

1　即《联邦食品药品和化妆品法案》(FDC&A)H 分章"第 582 节（c)(1)(B) 条"

标识符（包括标准化数字标识符）。

（2）如果该退还产品为不可售产品，那么收到退还产品的批发分销商可将该产品退还给其上游供应商，包括生产商、分包商、批发分销商或代表以上角色的中间人，包括不用提供产品交易历史、交易信息和交易声明等所需内容的退货处理人。

此外，自《药物供应链安全法案》颁布之日起6年后（除（a）(5）条中所述情况之外），以下规定也适用：

（1）根据缔约双方达成的协议，批发分销商可接收零售商或分包商的退还产品。同时，尽管要求批发分销商在交易时提供交易历史等材料，批发分销商仍可在不提供交易历史的情况下分销这些退还产品。对于退还后的交易，该产品的交易历史应从接收退还产品的批发分销商开始。

（2）对于可售的退还产品，只有在批发分销商能将该产品与其相关的交易信息和交易声明联系起来时，批发分销商才可接收零售商或分包商的退还产品。同样，此类产品的交易历史（如适用）应从接收和核查退还产品的批发分销商开始。如果不能切实可行合理地获得交易日期，则本款涉及的交易信息和交易历史（如适用）无需包括交易日期。

4. 验证核查申请[1]

批发分销商应依照法案的相关要求建立安全的电子数据库，或运

1 即《联邦食品药品和化妆品法案》（FDC&A）H 分章“第 582 节（c）(4)（C）条”

用另一企业实体建立或操作的安全数据库。数据库所有者应制定相关要求和程序应对验证核查请求，还应向药品流通供应链的其他成员提供适当的数据访问。需要注意的是，即便有电子数据库的建立和运用，批发分销商仍需对通过数据库以外的其他方式提交的验证核查申请进行回复。

第四节　药品治疗信息宣传的要求[1]

美国药品广告的监管主要涉及两个联邦部门，即美国食品药品监督管理局（Food and Drug Administration，FDA）和美国联邦贸易委员会（Federal Trade Commission，FTC）[2]。FDA 主要负责药品标签和处方药广告的监管[3]，具体由药品审评与研究中心（Center for Drug Evaluation and Research，CDER）下设的处方药推广办公室（The Office of Prescription Drug Promotion，OPDP）负责审查处方药广告和促销材料[4]。FTC 主要是负责监管除处方药以外的所有广告，包括食品、OTC 药品、饮食补充剂、医疗器械和化妆品等[5]。在 FDA 和 FTC 依据法律对药品进行广告管理的同时，美国广告行业的自律组织在药品广告监管中也发挥了重要的作用[60]。

《联邦食品药品和化妆品法案》(《法案》) 中所指广告包括刊登在

1　根据《美国法典》第 21 卷第 360aaa-360aaa-6 部分；《Public Law》“标题 IV- 一般性规定” 第 401 节；《联邦食品药品和化妆品法案》(FDC&A) 第五章 A 分章 “药品和医疗器械” 和 D 分章 “治疗信息的宣传”

2　李晶 . 国外药品广告监管的经验及启示 [J]. 中国防伪报道，2014 (02)：56-59.

3　田耀，刘卫珍 . 美国药品广告管理模式分析 [J]. 中国药业，2014，23 (08)：7-8.

4　https：//www.fda.gov/AboutFDA/CentersOffices/OfficeofMedicalProductsandTobacco/CDER/ucm090142.htm

5　杨琴 . 我国药品广告监管的问题和对策研究 [D]. 东南大学，2011.

杂志、周刊或其他期刊和报纸上的广告，以及广播、电视和电话等通讯系统中的媒体广告，任何错误的、误导的或者欺骗的宣传都可被处罚。在处方药的电视广告播出前，企业需要向健康与人类服务部（HHS）部长（部长）递交相关的广告宣传材料，由部长根据相关要求[1]对其内容、形式等进行预审查。此外，有些州也有通过颁布《消费者权益保护法》等相关的法规来对药品广告的内容进行限制。

一、药品治疗信息宣传

（一）治疗信息宣传相关界定[2]

（1）新用法：

（A）就药品而言，指该用法尚未列入获批的药品标识（labeling）中；

（B）就医疗器械而言，指该用法尚未列入获批的医疗器械标识（labeling）中。

（2）科学或医学杂志：

（A）指由符合以下要求的机构出版的科学类或医学类杂志

（i）有编辑委员会；

---

[1] 即《联邦食品药品和化妆品法案》（FDC&A）第五章A分章“药品和医疗器械”中“第503C节电视广告预审查”

[2] 即《美国法典》第21卷第360aaa-5节“第556节定义”

（ⅱ）聘请的专家对其审查的文章主题具备足够的专业知识，且不隶属于某一机构，可以对已投文章进行审查并客观地选择、驳回或发表意见；

（ⅲ）坚持公开声明政策，充分披露与该期刊或组织有关的作者或投稿人之间的任何利益冲突或偏见；

（B）机构发表的文章须遵循该机构常规的同行评阅流程；

（C）该机构在全国范围内具有知名度；

（D）该机构（发表的文章）编入美国国立卫生研究院－国家医学图书馆《医学索引》；

（E）不是由一个或多个生产商全额资助或部分资助的特别增刊。

（二）新用法信息宣传[1]

尽管《法案》第301（d）、502（f）、505节以及《公共卫生服务法》第351节（《美国法典》第42卷第262节）中有不得宣传药械标识以外信息的规定，但是，生产商如果符合以下一定的要求[2]，可以向卫生保健从业人员[3]、药品福利管理机构、健康保险人员、健

1 即《美国法典》第21卷第360aaa节“第551节关于药品或器械治疗信息宣传的要求”

2 即《美国法典》第21卷第360aaa节“第551节（b）条”，见正文（Ⅰ）～（Ⅵ）条

3 即《美国法典》第21卷第360aaa-5节“第556节定义”中“卫生保健从业人员”是指“按照州法律获得许可开具药品或器械的医生，或者其他提供卫生保健服务的个体。”

康计划团体，以及联邦或州政府机构宣传关于未在获批药品或器械标识中说明的，与药械使用安全性、有效性或效益相关的书面信息[1]：。

（Ⅰ）在宣传药品信息时，该药品应具有第505节中（b）或（j）条规定的药品上市许可，或者具有《公共卫生服务法》第351节规定的生物制品上市许可；

在宣传器械信息时，该器械应符合第513节中（d）、（e）、（f）条的规定，或者根据第515节获得批准，进行商业分销；

（Ⅱ）宣传的新用法信息符合第552节的要求[2]；

（Ⅲ）宣传的信息并不是来源于其他生产商进行的临床研究，或者如果信息是来源于其他生产商进行的研究，宣传该信息的生产商已经得到了（进行研究的生产商）信息宣传的许可；

（Ⅳ）生产商在宣传信息前60天，已向部长递交了以下材料：要宣传信息的副本，生产商拥有的关于新用法安全性和有效性的所有临床试验信息，与新用法安全性有关的临床经验报告，以及新用法信息的概述；

（Ⅴ）生产商符合第554节（关于新用法补充申请的规定）的要求[3]；

---

1 即《美国法典》第21卷第360aaa节“第551节（a）条”

2 即《美国法典》第21卷第360aaa-1节“第552节信息宣传的许可”

3 即《美国法典》第21卷第360aaa-3节“第554节关于新用法补充申请的递交及豁免要求”

（Ⅵ）如果生产商要宣传药械新用法的信息，还应包括以下内容：

1）参考出版物：应列明与拟宣传的药品或医疗器械新用法信息相关的已出版的科学文献、科学或医学期刊（除非拟宣传的信息中早已包含了这些参考出版物）；

2）披露以下内容的声明（应在突出位置显示）：

（ⅰ）与 FDA 未批准或者未许可的药品或器械新用法相关的信息；

（ⅱ）如果此类新用法信息的宣传费用是由生产商承担的，则需进行说明；

（ⅲ）如果此类新用法信息的提供者中包括该生产商的职员、顾问、债权人，或者与该生产商有重大财务利益关系的，则声明中需公布上述人员名单；

（ⅳ）药品或者器械的官方标识以及这些标识的所有更新信息；

（ⅴ）针对药品或器械按照（a）（1）节[69]规定进行宣传的新用法，如 FDA 已批准或许可相关产品或疗法，则需进行说明；

（ⅵ）列出所有已为要宣传的药械新用法研究提供资金支持的人员名单。

此外，若部长认为生产商按照要求 9 提交的与其拟宣传的药械新用法有关的信息中，未能提供相应的数据、分析或者其他客观全面的书面材料，在部长对生产商下达此决定并就此召开会议后，可以要求生产商发布以下信息：

（Ⅰ）有关新用法安全性和有效性的其他客观、科学的信息，包含生产商提交给部长的信息、该类信息的概述，或者部长有权公开的任何信息；

（Ⅱ）部长根据其拥有的与药械新用法安全性和有效性相关的数据或其他科学信息做出的客观声明。

（三）新用法信息宣传的许可要求

只有当信息符合以下条件时，生产商才可根据法案第 551 节的规定宣传新用法信息：

（Ⅰ）形式完整：

1）转载或复印发表在科学或者医学杂志上的与药械临床研究相关的文章时，其所涉及的药械安全性和有效性的评估要由经过科学培训的或有经验的、有资格的专家进行同行评阅，这样的方式被专家认为是科学合理的；

2）按要求提供了参考出版物，应包括与药品或器械的安全性或有效性相关的临床研究，该临床研究在经过科学培训或有经验的专家看来是科学合理的；

（Ⅱ）该信息没有造假或误导，且不会给公众健康造成重大风险。

其中，第 2）中规定的参考出版物应符合如下条件：

（ⅰ）不是专门为药品或器械生产商，或者根据其要求撰写、编辑、引用或发表的；

（ⅱ）并非由该生产商编辑或是受到该生产商重大影响而编撰的；

（ⅲ）不仅仅由该生产商分发该出版物，通过书店或其他销售医学教科书的渠道也可普遍获得此材料；

（ⅳ）不围绕该生产商根据法案第 551 节规定进行信息宣传的任何药械产品，也不围绕支持宣传该生产商已上市或正在研究中的药械新用法；

（ⅴ）呈现的材料不做假、不具有误导性。

需要注意的是，只有当生产商每半年向部长准备并提交以下材料时，其才能根据第 551 节的规定宣传药品或者器械的新用法信息[1]：

（Ⅰ）（递交该目录前）最近 6 个月内生产商向 551（a）节中规定的人员[2]宣传药械新用法信息的所有文章和参考出版物的标题目录；以及

（Ⅱ）按照上条规定，于最近 6 个月内接收过此类文章和参考出

1 即《美国法典》第 21 卷第 360aaa-2 节“第 553 节制定已发行文章和出版物目录及接收文章和参考文献的人员名单”

2 即《美国法典》第 21 卷第 360aaa 节“第 551 节（a）条”包括：卫生保健从业人员、药品福利管理机构、健康保险人员、健康计划团体，以及或联邦或州政府机构

版物的人员类别目录。

生产商在根据第 551 节规定进行信息宣传时，应当保留相关的记录。例如，当该生产商需要根据第 555 节的规定采取纠正措施时，部长会要求其提交相关的记录，以确保该生产商根据该节要求采取相应的纠正措施。根据这些记录，部长可以确定（依据第 551 节）提供的信息的接收者或这些接收者的类别。

二、处方药电视广告预审查的基本要求

健康与人类服务部部长可要求（企业）在药品电视广告播出前至少 45 天向其提交该药品电视广告的相关材料，包括该电视广告的脚本、故事梗概、初稿或完整的视频作品，并对所提交的材料进行严格审查。

在审查企业提交的关于药品电视广告的材料时，若厂商需要对涉及到药品标识信息的广告内容做出修改，部长可以提出相关建议，但需要满足以下两点要求：①对保护消费者的利益和福祉是有必要的；②与所审查产品的处方信息相一致。此外，在条件允许且信息属实的情况下，企业可在电视广告中加入声明，表明药品对特定人群（如老年人、儿童、宗教和民族少数群体等）具有特定疗效（specific efficacy of the drug）。部长在对企业提交的药品电视广告材料信息提出建议时，要考虑广告药品对老年人、儿童、宗教和民族多样化的影响。

在根据相关规定审查药品电视广告时，如果部长认为：若不对药品标识中所列的严重风险进行特殊说明，该广告将会是虚假或具有误导性的，此时部长可要求在电视广告中涵括此类说明。此

外，如果部长认为：若自药品根据《法案》第505节或《公共卫生服务法》第351节规定获批之日起两年内，其电视广告中没有披露药品的批准日期，该广告将会是虚假或者具有误导性的，部长可要求在广告中增加对该批准日期的特殊说明。除了上述两点特殊说明以外，部长没有修改或指示修改企业所提交材料的权力。

三、治疗信息宣传的纠正和终止[1]

在生产商根据第551节规定进行信息宣传后，应向部长递交通知，说明其所获悉的与新用法安全性或有效性相关的其他临床研究或数据。如果生产商拥有该数据，则通知中应包含该数据。同时根据规定，部长应界定生产商递交数据资料的责任范围，包括部长认为合理的责任范围。

部长在收到上述数据资料后，如果部长认为该数据表明该用法可能无效，或者可能对公众健康造成重大风险，则部长应与生产商协商后，依照保护公众健康的原则针对所宣传的信息采取行动，包括勒令生产商停止宣传该类信息。

如果出现以下情况，部长可要求生产商停止宣传第551节相关的信息：

（Ⅰ）部长认为生产商宣传的信息不符合第551节的要求。部长可以命令生厂商停止宣传，但此命令只有在部长提前通知生产商其要颁布此命令的意图，并就此召开了会议后才能发布。如果生

1　即《美国法典》第21卷第360aaa-4节“第555节纠正措施和宣传活动的终止”

产商只构成轻度违规，部长应当延期颁布此命令，给生产商改过的机会。

（Ⅱ）生产商为宣传新用法信息而递交的补充申请不符合相关要求，包括：

（i）如果生产商根据第554（a）（1）条规定递交了关于新用法的补充申请，但部长认为该申请并不包含批准新用法所需的足够信息；

（ii）如果生产商根据第554（b）条规定递交了证明[1]，但并未在规定的6个月期限内递交证明所提及的补充申请；

（iii）如果生产商根据第554（c）条规定递交了证明[2]，但尚未递交该证明所提及的补充申请，那么，部长在进行了非正式的听证会后会认为生产商没有竭尽全力去完成研究。

（Ⅲ）对于批准豁免的补充申请，如果部长根据第554（d）（3）条的要求终止批准对补充申请的豁免，则可勒令生产商停止宣传信息。生产商应当在收到以上命令的60天内执行[3]。

除上述终止生产商宣传信息的情况之外，部长在要求生产商终止信息宣传的任何情况下，可要求生产商对宣传信息进行修正。对

---

1 即《美国法典》第21卷第360aaa-3节“第554节（b）条”关于“针对已完成的研究（Completed Studies）的补充申请证明”

2 即《美国法典》第21卷第360aaa-3节“第554节（c）条”关于“针对已计划的研究（Planned Studies）的补充申请证明”

3 即《美国法典》第21卷第360aaa-4节“第555节（b）（3）条“

于终止第 555（b）（3）条规定下的新用法信息宣传，部长不能要求相关的生产商采取行动修正（correct）已经宣传的信息，除非部长认定关于新用法的信息可能会对公众健康造成严重威胁。

第五节　非处方药严重不良事件报告的要求[1]

一、总体要求

就非处方药不良事件报告的强制系统而言，任何州或当地政府均不得建立或继续实施与本部分内容不同的、或不完全相同的法律、法规、指令和其他要求[2]。

凡出现在美国市售的非处方药标签上（即依据法案第 502 节（b）（1）条）的生产商、包装商和分销商（本部分称“责任人”），应向部长提交该药品在美国使用时出现的严重不良事件的报告，并且附上该药品零售包装内外的标签复印件[3]。如零售商按照第 502 节（x）条[4]规定的地址和号码将收到的药品不良事件报告转述给非处方药的生产商和包装商，分销商就可通过协议授权上述生产商或包装商向部长提交该药的报告[5]。责任人应保存其收到的严重

[1] 即《联邦食品药品和化妆品法案》（FDC&A）第七章 H 分章“第 760 节”

[2] 即《联邦食品药品和化妆品法案》（FDC&A）第七章 H 分章“第 760 节（h）（1）条”

[3] 即《联邦食品药品和化妆品法案》（FDC&A）第七章 H 分章“第 760 节（b）（1）条”

[4] 即《联邦食品药品和化妆品法案》（FDC&A）第五章 A 分章“第 502 节（x）条”中规定“针对在美国销售的非处方药，如果此类药品的标签中包括国内地址或电话号码，那么责任人可以通过这个地址或号码接收有关该药品的严重不良事件报告”

[5] 即《联邦食品药品和化妆品法案》（FDC&A）第七章 H 分章“第 760 节（b）（2）条”

不良事件报告记录 6 年[1]。

二、报告提交

（Ⅰ）报告提交时间[2]

各责任人应在收到不良事件报告的 15 个工作日内，按照法案第 502 节（x）条描述的地址和电话号码，向部长报送严重不良事件的报告。

（Ⅱ）新医学信息[3]

责任人应在首次提交报告的一年内收集与该药严重不良事件报告相关的新医学信息，在获得信息的 15 个工作日内，提交给部长。

（Ⅲ）报告的合并[4]

部长应建立一套系统确保将重复的严重不良事件报告和与之相关的新医学信息整合在一个报告里。

---

1 即《联邦食品药品和化妆品法案》（FDC&A）第七章 H 分章“第 760 节（e）（1）条”

2 即《联邦食品药品和化妆品法案》（FDC&A）第七章 H 分章“第 760 节（c）（1）条”

3 即《联邦食品药品和化妆品法案》（FDC&A）第七章 H 分章“第 760 节（c）（2）条”

4 即《联邦食品药品和化妆品法案》（FDC&A）第七章 H 分章“第 760 节（c）（3）条”

（Ⅳ）豁免[1]

部长在向利益相关方传达了通知，并提供了评议机会后，如果部长认为豁免对公共健康无不良影响，那么可免除第（Ⅰ）条和第（Ⅱ）条的要求。

三、报告内容[2]

每一份不良事件报告都应按照 Med Watch 表格形式提交给部长，以便修改，并附上其他必要信息。

四、信息保护[3]

根据本部分规定提交给部长的严重不良事件报告应包括：根据（c）（2）条规定提交的新医学信息，或自愿提交给部长的不良事件报告，上述报告均属于以下范畴：

（1）《法案》第756节规定获得的安全报告[4]，且附有一份声明，该

---

1 即《联邦食品药品和化妆品法案》（FDC&A）第七章H分章"第760节（c）（4）条"

2 即《联邦食品药品和化妆品法案》（FDC&A）第七章H分章"第760节（d）条"

3 即《联邦食品药品和化妆品法案》（FDC&A）第七章H分章"第760节（f）条"

4 即《联邦食品药品和化妆品法案》（FDC&A）第七章G分章"第756节安全报告免责声明"：对于按照本法案提交与产品安全性有关的任何安全报告或者其他信息的实体，他们发布该报告或信息并不意味着产品本身必然发生故障、导致或促成不良经历、导致或促成死亡、严重伤害或者严重疾病。换言之，此类实体无须承认，甚至可能否认其提交的报告或信息中涉及的产品与故障、导致或促成不良经历、导致或促成死亡、严重伤害或者严重疾病之间的关联性

声明作为报告的一部分对大众公开，是为了澄清企业提交该报告或记录并不是承认不良事件是由该产品直接导致或促成的；

（2）《美国法典》第 5 篇第 552a 节（通常指《隐私权法案》）规定获得的个人记录[1]，以及医疗档案或类似档案，上述资料的披露将违反第 5 篇第 552 节的规定[2]（通常指《信息自由法案》）（除非所有个人身份信息都经过编辑，否则不得公开）。

[1] 即《美国法典》第 5 卷“第 552a 节个人记录维护（a）条定义”中“记录”指：由机构维护的个人信息的合集，包括但不限于教育、金融交易、病史、犯罪或就业记录，以及姓名，或分配给个人的识别号码、标志或其他特征，如指纹、声纹或照片

[2] 即《美国法典》第 5 卷“第 552 节（b）（6）条”规定：对个人档案、医疗档案或者类似档案的披露，是对个人隐私的无端侵犯

第三章 联邦政府在药品流通中的监管职责及程序

美国涉及药品流通管理的政府机构分为联邦和地方两级，联邦层面有美国食品药品管理局（Food and Drug Administration，FDA）、美国禁毒署（Drug Enforcement Administration，DEA）、美国贸易委员会（Federal Trade Commission，FTC），地方层面有各州药事委员会（State Board of Pharmacy，SBP）。这些部门在各自职权范围内，对药品进行各项监管。

与中国类似，美国药品流通中批发或零售企业的开办也必须经过政府有关部门的审查和批准，如零售药店的开办须由州药事委员会进行若干项目的审查。首先，开办人必须经过相关教育，经过国家范围的考试合格，才具有开办药店的资格。其次，州药事委员会还要对药店的场地、环境、仓储、计算机管理系统等内外部条件进行检查，认为其达到了“对药房的药品具有控制能力”后，才准许药店的开办。

第一节 监管职责[1]

依照法案的规定，美国药品流通相关的法规可由以下两种方式提出，一是由健康与人类服务部部长提出，二是由药品流通的利益相关方提出。实施则是由法案授权的部长或部长指定的官员或雇员实施。在实施过程中涉及的部门有联邦政府的食品药品管理局、财政部和法院。根据法规实施的复杂程度，完整的法规实施过程可分为以下三个阶段。

第一阶段：部长在收到请求后，将其公布于美国食品药品管理局的网站上，征集口头或书面的公众意见之后，经修订发布定稿。定稿发布之日起 30 日内（包括第 30 日）利益相关方可提出反对意见并阐述理由；

第二阶段：若部长认为理由充分，应举行公开听证，以听取反对意见相关的证据、查收相关材料。听证会中，利益相关方可以亲自出席，也可委托代表出席。在听证会结束后的合理时间内，部长应就反对意见作出决定并应在《联邦公报》上发布通知，阐明事实，如因为反对意见而不能实施的部分，也应说明原因。除个别紧急情况外，部长应在决定中明确生效时间，决定将在自其公布起的 90 日后生效。

第三阶段：因实施决定而认为自己受到不良影响的相关方均可在命令发布后 90 日内，向其居住地或者营业机构所在地的美国联邦巡回法院提起诉讼，申请对命令进行司法审查。诉状的副本

---

[1] 法案第 701 节即《美国法典》第 21 篇 371 条

应由法院的书记员送交至部长或者部长指定的官员处。按规定，部长应向法院递交其作出决定的所有案卷。若经法院审理和调查，法院对部长决定的维持或者撤销部分或整体判决应当有终局效力。

由此可见，联邦政府在立法中给予利益相关方充分表达自己诉求的权利，也给予健康与人类服务部部长制定和实施相关决定的权力，部长有权力要求任何实体提交安全性相关的报告。但同时部长的权力也受到约束，保证公平公正为业界和消费者服务。

第二节　监管程序[1]

美国联邦政府对药品流通各实体的监督有一套完整的法规程序。与 cGMP 的检查相比，联邦政府对流通领域的监管更着重于跨州贸易。具体如下。

一、协同监督

健康与人类服务部部长可协同政府其他部门，达成谅解备忘录，并在可能的情况下，与各州（除印第安部落所在州外）签署合约，展开对各州内零售商的检查，培训和各项审查检查费用由健康与人类服务部承担。

二、申请

每一财政年度，部长和其他联邦部门在实施一项或多项审查检查

1　法案第 702 节即《美国法典》第 21 篇第 372 条

工作时，各自均应向其归属的众议院和参议院两院委员会（授权拨款的委员会）提交报告说明以下事项：①依据谅解备忘录从事一项或者多项项目、工程或者活动的官员和雇员的人数；②依据谅解备忘录而额外审查和检查的客体数目；③依据谅解备忘录额外进行的审查和检查的次数。

三、跨州贸易记录审查[1]

检查员应事先通知药品跨州运输的承运人以及接收人，在双方合理的时间安排下，查看和复制所有药品跨州运输记录、运输中和运输后货品持有人的记录，以及相应的数量、运输人和接收人姓名。当检查员要求检查书面文件，并说明要检查药品的性质或种类后，承运人员或相关人等拒绝检查员接近或者复制记录将构成违法行为。

四、工厂检查[2]

部长应检查药品生产、制备、增殖、配制和加工记录及其他信息，应按照部长要求，由企业所有人或运营人在检查之前或检查时，在合理的时间和范围内用合理的方式将上述资料的电子或者书面版提交给部长，一切费用由企业所有人或运营者承担。部长的要求中应充分列出所要求记录的内容。

1. 检查员对工厂的每一项检查都应有相应的通知，但是在检查期间每次进入相关场所不必再给出通知。每项检查都应尽可能地快

---

[1] 法案第 703 节即《美国法典》第 21 篇第 373 条

[2] 法案第 704 节即《美国法典》第 21 篇第 374 条

速开始和结束。在向药品所有权人、运营者及代理人出示了执法证件和书面通知后，可在合理时内，以合理的方式检查任何生产、加工、包装药品的工厂、仓库或设施，或是检查用于运输载有上述药品车辆；以及所有相关的成品和半成品的原材料以及包装和标签。

2. 对于生产、加工包装或持有人用处方药和非处方药的工厂、仓库、设施或第三方实验室，检查范围可扩至与此相关的所有物品（包括记录、文件、档案、程序、控制和设备），若人用处方药和非处方药掺假或者粘贴虚假标签，根据本法应禁止其生产并进入跨州运输，以及违反本法的其他情况。

3. 值得注意的是，上述所有检查的范围并不包括财务数据和销售数据，应仅限于运输数据、价格数据、人事数据（除非是反映本法案规定的特定技术和专业技术人员才能从事活动的有关人事数据）和调查数据（除了规定的必须要报告和检查的与新药、抗生素相关的数据）。此外，也不包括拥有符合各州医药职业法律规定要求的设施，及根据有处方权的执业医师在其执业过程中向其护理的患者开出的药方，分发处方药的固定药店。（因为）这些药店既没有通过其他子公司或者通过其他方式生产、制备、配制或加工，也没有用于正常营业活动之外的配药和售药。

4. 完成对工厂、仓库、第三方实验室或者其他机构的检查之后，在离开检查的机构之前，检查员应给该机构的所有权人、运营人或代理人提供一份报告，报告内容包括其观察到的机构环境或操作存在的与药品相关的以下问题：①存在全部或部分不洁、腐败或者腐烂的物质；或②在不卫生的环境下制备、包装或储存，并且可能受到污染，或者已经对健康造成危害。报告附件应尽快送交部长。如果检查员在工厂、仓库或其他机构检查过程中收集了样本，应在检查结束，离开之前向所有权人、运营人或者代理人提供一份列明采集样品的收条。

五、信息公开[1]

在得到批复，进行审查期间，按法规要求，部长应向贸易部负责知识产权的助理部长和美国专利商标办公室主任提供跟专利申请有关的全面有效的药品信息。部长应随时公布根据本法作出的判决、法令与法院裁定的摘要，包括有关起诉的性质和处理结果。部长也应公开在其看来药品可能存在的对健康有紧迫危险、严重欺骗消费者的情况。

六、保密信息[2]

保密信息是指美国联邦政府和外国政府双方认定的保密信息，这些信息的公开与否以及公开的时间期限和方式均由双方政府签订协议而定。其中在与外国政府进行信息交换时，健康与人类服务部部长同样可依据双方协议将保密信息提供给对方，并将可能对人或动物健康造成严重副作用或直接导致死亡的药品信息作为调查的一部分提供给外国政府，或是提醒该政府进行潜在检查。

第三节　监管支持[3]

联邦政府在药品流通上给予了各方面的支持，以协调联邦政府和

[1] 法案第 705 节即《美国法典》第 21 篇第 375 条

[2] 法案第 708 节即《美国法典》第 21 篇第 379 条

[3] 法案第 710 节即《美国法典》第 21 篇第 379b

地方州之间的监管工作，从而最大限度地保证为消费者提供安全有效的药品。可分为以下三方面。

一、经济支持

1. 捐赠

部长认为必要时，有权代表食品药品管理局接受与不动产、建筑物和设施相关的服务、不动产或私人财产的捐赠。

2. 拨款

经授权，1991 财年财政部共拨款 1 亿美元，此后财政年度将拨予必要的款项，直到这些款项用完为止。

二、物质支持

部长可与美国总务管理局（General Services Administration，GSA）局长协商，对美国食品药品管理和实验设施进行统一的设计、修建和运行。并且在制定了各项指导原则后，部长应该最少每 5 年进行一次回顾，必要时更新指导原则，确保食品药品管理局能以合理的途径获得需要的专业科学技术。

三、人力支持[1]

为保证联邦政府对药品流通的监督方法始终与医药行业发展保持

1 法案第 711 节即《美国法典》第 21 篇第 379 条

一致，部长应当积极宣传药品流通工作的重要性，并在医药行业专业协会和大学研究所等学术团队里招聘专家和学者，加入咨询委员会；或者至少在每180天内，请各利益相关方推荐符合条件的人员如产品开发人员、患者群体和某种疾病的倡导组织；以及相关的专业协会、医学协会、学术组织和政府组织入选咨询委员会。

每年的2月1日之前，每个财政年度结束的120日内，部长应向众议院的拨款委员会和参议院的卫生、教育、劳工和养老金委员会，以及众议院的能源、商务委员会提交报告，详细阐述：

1. 在上一年9月30日结束的财政年度里被提名参加咨询委员会会议的人数，被提名且愿意参加的人数，每个咨询委员会空缺的人数；

2. 作为咨询委员会潜在成员却因为经济利益冲突而不符合标准，不能参加咨询委员会会议的人数；

3. 此外，还应包括该财年中，作为咨询委员会潜在成员却因为经济利益冲突不符合标准的原因以外，不能参加咨询委员会会议的人数；

4. 该财年每次参加咨询委员会会议的人数；

5. 该财年根据要求公开的信息总数以及不适宜公开信息的成员个数占咨询委员会会员总数的百分比；

6.报告针对仿制药和生物制药的各项收费和使用上略有不同[1]，具体如下：

（1）仿制药

部长对符合第505（j）条的仿制药补正申请以及上一财年的变更申请所花费的平均总时间，包括食品药品管理局在审查这些申请时花费的日历日和申请人对完整的回复信的答复天数，以及自《食品药品管理局安全创新法案》颁布后超过10个月，部长仍未处理的第505（j）条的申请总数，补正申请，以及变更补充申请，和食品药品监督管理局在上一财年对第（3）中描述的申请采取最后的法规行动的申请的数量。

（2）生物仿制药

部长应阐明符合《公共卫生服务法》351（k）的生物仿制药申请数量，和其批准数量所占的百分比。且在向上述委员会提交报告30日内，部长应将每份报告都向公众公开。

1 法案第715节即《美国法典》第21篇第379d-4节

第四章 药品可及性保障

美国是世界上经济最发达的国家之一，其医疗保障制度也相对较完善，但是也依然存在药品可及性的问题，只是程度与发展中国家不尽相同，其问题主要集中在药品的同情使用（Compassionate Use/Expanded Use）、紧急用药、个性化用药以及药品短缺等方面。

第一节 同情使用[1]

一、定义

部长在适当条件下可授权诊断、监测或治疗严重疾病或紧急情况下需要的临床试验药品进行运输。

[1] 《美国食品药品管理局现代化法案》第 561 节即见《美国法典》第 21 篇第 360bbb

二、适用条件

（一）处于临床试验阶段未获得正式批准的药品

在满足以下条件的情况下，根据国家法规规定，任何人可通过医生向生产商或经销商提出申请，生产商或经销商依据本节规定，可向医生提供用于诊断、监测或治疗严重疾病的临床试验药品。

1. 医生确定没有可比的或令人满意的替代药品用于诊断、监测或治疗该疾病，且该患者使用临床试验药品风险小于该疾病可能带来的风险。

2. 部长确定有足够证据证明其安全性和有效性以支持在第一条所述情况下使用试验药品。

3. 部长确定关于临床试验药品或医疗器械的条款不会妨碍支持该药品或器械上市申请而进行的临床研究的开始、进行或完成。

4. 临床试验药品的申请人或研究者应向部长提交一份符合法案第505（i）节或第520节（g）规定的临床研究方案，说明该药品只用于某一个患者或者一小群患者。

（二）已批准产品补充申请的批准

除了临床试验新药的同情使用外，部长还开展和制定一系列项目和政策，促成FDA、国立卫生研究院、专业医学和科学团体之间的合作，用于鉴别可用来支持补充申请的已发表或未发表的研究成果，或鼓励申办方进行补充申请，或为补充申请就这些成果做进一步部分的全面研究。

1. 在《FDA 现代化法案》生效后的 180 天之内，部长应当在《联邦公报》上公布对《联邦食品药品和化妆品法案》（即 21 U.S.C. 301 及以下）和《公共卫生服务法》的第 351 节已批准的产品递交的补充申请进行立即审查的标准。

2. 在《美国食品药品管理局现代化法案》生效后的 180 天内，部长应发布最终的指导原则，明确数据递交的要求，和已批准产品补充申请的批准。指导原则应该包括：

（1）明确已发表资料可以作为补充申请获批的依据；

（2）细化数据要求，通过查证之前递交的材料，避免重复已提交过的数据；

（3）给出进行优先审批的补充申请的定义。

3. 部长应该在 FDA 的各中心（除食品安全和营养品中心外）指定专人负责该部分工作：

（1）鼓励立即开展对已批准产品补充申请的审查；

（2）与申办方合作，帮助开发和递交数据，以支持补充申请。

三、审批豁免的要求

为了最大限度地满足各种患者的需要，联邦政府在制定法规时充分考虑了个别特殊患者的需求，因此如果部长在确定符合以下情况时，则在审批时许可这些临床试验药物的同情使用，同时，如果试验药品不再满足本节的要求，那么部长可在任何时候终止本节中所述的申办者、医师、生产商或经销商提供的试验药品或医疗器械的同情使用。

（一）根据临床试验新药申请的豁免条例，试验性新药旨在用于诊断、监测或治疗严重疾病或直接危及生命的疾病或病症；

（二）对这些要使用试验性药品的患者来说，目前没有可比的或令人满意的替代药品用于诊断、监测或治疗其疾病或病症；

（三）临床试验性药品是指在第一条所述情况下，根据法案第 505（i）节在临床试验性药品申请生效后或根据第 520（g）节（B）临床试验用医疗器械申请豁免条例生效后，进行对照试验的药品；或试验性新药申请批准所必需的所有临床试验均已完成的药品；

（四）临床对照试验的申请人应尽职尽责，积极主动争取用于第一条所述情况的试验性药品上市申请的获批；

（五）在第（三）条中所述的试验性药品的相关条例不会妨碍根据第 505（i）节或第 520（g）节正在进行的临床试验患者登记；

（六）患有严重疾病的患者使用试验药品，需充分证明其安全性和有效性符合第一条所述的情况；

（七）患有直接危及生命的疾病患者使用试验性药品，总体上是基于现有科学依据得出的结论，不会给患者带来其他疾病或伤害等重大风险。

按本节规定，部长应将提交的同情使用方案，一并通知国家、州、地方医学组织或协会、志愿者协会以及适合使用试验性药品的个人。

第二节　紧急用药[1]

一、定义

除常规药品外，未批准药品和已批准药品的未批准用途均可以用于威胁公共安全时的紧急用药。部长可基于以下情况在《联邦公报》上公布声明，在药品有效期内，部长可授权在跨州贸易中使用在处理威胁公共安全时的实际需要或可能需要的紧急情况下的药品。

在美国应急准备和响应助理部长、美国国立卫生研究院院长以及美国疾病控制与预防中心主任协商后得出如下结论。

（一）部长做出的声明中所指药品是能导致严重的或危及生命的疾病或病症的产品；

（二）基于部长可获得的所有科学依据，包括充分严格的临床试验数据，这些数据可表明：

1. 该产品在诊断、治疗或预防以下情况方面是有效的：

1　法案 E 分章药品与器械相关总则第 564 节即《美国法典》第 21 篇第 360 节 bbb-3a

（1）某种疾病或病症；或

（2）经本法批准或准许，依本节授权的产品而导致的严重或危及生命的疾病或病症，或根据《公共卫生服务法》第 351 节获得许可的用于诊断、治疗或预防由此种药品导致的疾病或病症；和

2. 考虑到声明所明确该药品带来的实质危险，当该产品用于诊断、预防或治疗此类疾病或病症时，其已知和潜在的利益超过其已知和潜在的风险。

（三）没有足够的、已批准的和可供选择的产品用于诊断、预防或治疗此种疾病或病症；

（四）符合部长规定的其他标准。

注：这样的授权必须在一定条件下及时终止，部长与国土安全部部长或国防部长协商后确定威胁公共安全的情况已终止；或产品批准状态发生改变，或对未批准的产品授权不再有效，部长应当与该产品生产商进行协商对产品进行妥善处理。

二、适用条件

只有在美国应急准备和相应助理部长、美国国立卫生研究院院长以及美国疾病控制与预防中心主任协商后，得出如下结论才能使用：

（一）国土安全部部长确定国内出现或很有可能出现紧急情况，包括受到生物制剂、化学制剂、放射性物质或核物质攻击带来的

更高风险；

（二）国防部长确定出现或有很有可能出现军事紧急情况，包括对美国军事力量造成更高风险的生化武器、放射性武器或核武器的攻击；

（三）部长确定出现或很有可能出现公共卫生紧急事件，影响或很有可能会影响国家安全或居住在国外的美国公民的健康与安全，包括遭到生物制剂、化学制剂、放射性药物或核物质的攻击，或由这些制剂或物质引起的疾病或病症；

（四）根据《公共卫生服务法》第 319F–2 节，经鉴定某物质足以威胁国家安全或居住在国外的美国公民的健康与安全；

（五）部长应定期审查授权的情况和恰当性。且作为审查的一部分，部长应定期审查有关批准、许可或准许的未批准产品或已批准产品的未批准用途的进展；

（六）若威胁公共安全的情况不复存在、授权条件不再满足或符合修订或撤销授权的其他情况出现的话，部长可修订或撤销紧急用药的授权。

三、紧急用药的具体要求

（一）标识的要求

授权用于威胁公共安全的紧急用药应注明：

1. 在授权范围内，该产品可用于诊断、预防或治疗的某一种疾病或病症；

2. 在授权范围内，该产品可用于诊断、预防或治疗某种疾病或病症时，该产品已知和潜在的利益超过已知和潜在的风险；

3. 在授权范围内，涉及产品在诊断、预防或治疗某种疾病或病症方面的安全性和潜在的有效性，包括在紧急情况下对可利用的科学依据的评估；

4. 在授权范围内，若授权紧急情况使用的产品需要改变标识，但产品生产商选择不作变更，那么此授权不允许经销商或其他人改变或掩盖产品生产商提供的标识，但第 564A 节中提到的产品有效期的授权改变除外。

（二）生产的要求

本部分法案的规定并未授权部长要求任何人从事根据本节规定授权合法化的活动，任何人无须通知部长自己将不从事此类活动。除了被授权生产紧急使用的未批准产品的唯一生产商，若其不打算执行授权活动，那么应当在部长签发此授权的合理期限内向部长报告。本部分只对从事本节授权活动的人具有法律效力。

若美国国内、军事或公共卫生紧急事件或重大威胁发生的情况下，部长可授权批准符合条件的产品可以偏离美国 cGMP，但需符合本法中与产品生产、加工、包装或储存的相关条例，包括第 501 或第 520（f）（1）节，也包括满足第 520（f）（2）节的产品所需的条件。除此之外的紧急用药的授权（无论是未批准的产品还是已批准产品的未批准用途），均必须按 cGMP 进行生产、加工、包装或储存。

（三）储存的要求[1]

用于威胁公共安全的紧急用药，政府有意储存暂且未使用或经储存即将使用时，需进行跨州贸易，此行为并不违反本法案或《公共卫生服务法》中关于政府机构（包括联邦、州、地方或部落的政府机构）或代表这些政府机构工作的个人的规定。

第三节　个性化用药[2]

一、定义

如果医生认为有必要为个别患者配制药品，在其许可下，依有效处方或标注配制的药品，符合以下情况则属于个性化用药。

（一）由执业药师在州许可的药店或联邦政府的场所内配制；

（二）由执业药师依据医生或其他医学从业者为患者出具的处方配制；

（三）由执业药师或医师，在收到患者的处方之前，为其限量配制，且执业药师或医师，曾收到过该药品的配方，该处方仅在该执业药师或医师，和处方所服务的患者；或医生或其他有开方权

1　法案第 E 分章第 564B 节即《美国法典》第 21 卷第 360 节 bbb

2　FDCA 第 A 分章第 503A 节药房配制（见《美国法典》第 21 篇第 353a 条）

的执业人员之间产生。

注：此处规定不适用于（1）《配制法案》第 201（ⅱ）节定义的正电子发射断层成像药品，或者（2）放射性药品。“配制”一词，不包括按照产品制造商在核准标识上的指示、或与该标识一致的其他制造商指示，进行混合、重组或其他类似的行为。

二、适用条件

部长应与美国药房理事会协商，制定一份供各州使用的个性化用药标准的备忘录。

（一）该药品不是部长依规章确定的在配制上有明显困难的药品，而是在安全性或有效性上表现出一定副作用的药品；

（二）该药品在各州进行配制时，应就配制药品的过度销售制定规范，与部长达成谅解备忘录，并由州政府对在该州之外销售配制药品遭到投诉的情况进行调查；

（三）执业药师、药店或医师在州外销售（或引发销售）配制药品，未列入上述谅解备忘录的，配制的数量不得超过该药店调配或医师全部处方量的百分之五；

（四）不得配制部长发布在《联邦公报》中因本身或其成分不安全或无效，已从市场上撤销或移除的药品清单中的药品；

（五）不得对已上市药品进行定期或无限量（部长定义的）配制。

三、配制要求

（一）执业药师和医生配制个性化药物时需使用《联邦法规》第21章中部长公布的第200.3（a）（4）节定义的原料；

（二）符合《美国药典》或《国家处方集》里有关该药品各论（如果有的话）的标准；或《美国药典》里有关药房配制的标准。

1. 若无各论，则须为部长已批准药品的组成物质；

2. 若无各论，亦不是部长已批准药品的组成物质，须记录于部长发布的药品清单中[1]，由依据第501节注册的公司所生产[包括依据第510（i）条注册的外国公司生产]；且附有原料各成分有效性分析证书的物质；

3. 用符合《美国药典》或《国家处方集》里相应各论（如果有的话）标准的成分（非原料的成分），并且按《美国药典》中药房配制的标准配制药品。

（三）限定配制（Limiting Compounding）——部长经咨询美国药典会，对未记载于处方集、或未经部长批准的药品成分，将依据（b）（1）（A）（i）（Ⅲ）小节发布规章，确定配制时可以使用的原料。部长将在规章中设定该物质的标准，包括使用历史、医学论文或部长确定的其他标准。

---

1 为保护公众健康，除部长认为在咨询顾问委员会之前有必要发布规章外，一般情况下，部长应执行（b）

第四节　药品短缺[1]

药品短缺是全球普遍存在的问题。美国政府对药品短缺的关注可以追溯到1999年，自《FDA安全和创新法案》颁布之日起，敦促部长尽快成立一个专门工作组，制定相应战略计划以响应部长预防和减轻药品短缺的号召[2]。因此FDA在药品审评与研究中心（CDER）下设药品短缺事务组（Drug Shortage Staff，DDS），事务组专门负责与国内外的利益相关方合作，预防、减少和解决药品短缺问题，保障用药[3]。

一、定义[4]

若企业生产的药品是用于维持生命（life-supporting）或延续生命（life-sustaining），或者用以预防或治疗某种使人不断衰弱的疾病或病症，包括在急救或外科手术过程中使用的任何此类药物，且此药非放射性药品或部长认定的其他药物。如果此药永久停产或者终止生产，有可能导致其在美供应停止，则成为短缺药品。

这里的“药品”指人用药（见法案第201节g小节定义），且受第503节b小节第（1）条监管，所涉及的生物制品（见《公共

[1] 见《FDA安全与创新法》第十篇药品短缺第1001节至1008节

[2] 法案第五章（即《美国法典》21卷第351节及以下）经修订，在第506C-1节（见本法案第1002节修订）节末增加如下内容：506D专门工作组和战略计划的协调

[3] MANUAL OF POLICIES AND PROCEDURES, MAPP 4190.1 Rev. 2https://www.fda.gov/downloads/AboutFDA/CentersOffices/OfficeofMedicalProductsandTobacco/CDER/ManualofPoliciesProcedures/UCM079936.pdf

[4] 见《FDA安全与创新法》第十篇药品短缺第1001节（即FDCA第506节C，收录于《美国法典》第21篇第356c节）

健康服务法案》第351节定义)，包括从人血浆蛋白分离的血浆制品及其重组类似物。部长可考虑将疫苗类产品的通知通过美国疾病控制和预防中心下设的疫苗短缺报告系统呈递。

二、短缺原因

当预计或出现药品短缺现象时，(通过对FDA内部药品和生物制剂短缺数据库的历史数据进行总结)短缺原因可分为以下几类。

(一)与GMP的要求有关

(二)监管滞后

(三)原料药短缺

(四)药品辅料短缺

(五)该药中止生产

(六)药品运输延误

(七)药品需求量增加

三、各方应对短缺的程序

(一)药品生产商

1. 生产商须至少在停产或中止生产前6个月提交，或若未能按照

第（1）条规定的时间提交，也应尽早提交告知部长，并阐明停产或中止生产的原因。

2. 若生产商未能依照规定的时间提交药品停止或终止生产的信息，则部长应致信告知此人，其做法不符合相关法规要求。部长信件发出 30 天内，收信人应以书面形式回复部长，阐述未能履行法规要求的原因，并附上要求的信息。

（二）监管机构

1.FDA 针对药品短缺制定的相关法规程序：

（1）发布制定法规公告，并附上拟制定法规的征求意见稿；

（2）在征求意见稿发布后，需提供不少于 60 天的意见反馈期；

（3）至少在本法规生效之日前 30 日天公布法规终稿。

2. 部长应对短缺通知应做的工作：

（1）部长在收到药品生产商停止或终止生产的通知 30 天内，应确定通知所述药物是否与《管制药品法案》第 306 节规定的定额生产的管制药物有关；

（2）若生产商未能依照规定的时间提交药品停止或终止生产的信息，则部长应致信告知此人，其做法不符合相关法规要求；

（3）必要时，部长可通知司法部长已收到此类通知，在其认为有必要的范围内，基于充分获得的市场数据，要求司法部长增加《管制药品法案》第306节规定下定额生产的管制药物及原料药的总生产额和人均生产配额，以解决管制药物短缺的问题；

（4）如果司法部长认为此要求并不能解决管制药物短缺的问题，须向部长做出书面答复并详细阐明原因。部长须在FDA网站上公开司法部长的书面答复；

（5）第2条所述信件发出45天内，部长须在FDA网站上公开所述信件及该信件的所有答复，公开信息时，部长应适当删减以保护d小节所述的保密信息；

（6）部长应采用适当的方式将所述药物停止或中止生产的消息尽可能大范围地传播至相关团体，如第506E节[1]中所述的医生、医疗保健服务机构和病患团体等。

本部分规定不得解释为授权部长披露《美国法典》5卷第552节b小节第(4)条，或者8卷第1905节所述的商业秘密或保密信息。

（三）卫生系统[2]

卫生系统指归同一实体所有并运营，且可共享患者用药信息数据库的医院集合。当它们面临药品短缺（这里的短缺药品不包括管制物质[3]）时，应积极增加药品的供应，当卫生系统将短缺药品根

---

1 《联邦食品药品和化妆品法案》的第506节为危重疾病药品的加速审批，其中506E为药品短缺目录

2 法案第551、506F节即《美国法典》21卷第351节及以下

3 见《管制药品法案》第102节定义

据需要分装[1]并转送到同一卫生系统下其他医院时，需满足以下条件：

1. 该药品被分装时均属于第 506E 节所述的药品短缺目录上的短缺药品；

2. 登记在药品短缺目录上所述期限之后的 60 天内进行分装；

3. 药品仅供系统内使用；

4. 无论何种情况，按照本节规定分装的药品不得出售，亦不得经由卫生系统或该卫生系统内的医院转送至其他非系统内医院的实体或个人；

5. 遵守各州分装规定，符合各州有关药品分装及接收的相关法规要求。

四、药品短缺研究[2]

（一）部长的年度药品短缺报告

自 2013 年起，每年年底前，部长须向众议院能源和商业委员会及参议院卫生、教育、劳工和养老委员会提交药品短缺报告，报告须：

---

1 在本节中，“药品分装”仅指将大包装的药品分装成更小的包装

2 FDCA 第 506 节 C-1，见《美国法典》21 卷第 301 节及以下

1. 详述该年度根据第 506C 节[1]a 小节规定向人类健康服务部递交（药品短缺）通知的制药企业数量；

2. 详述 FDA 现场调查员和药品审评与研究中心合规办公室员工及药品短缺项目相关人员就此类问题的沟通交流，包括 FDA 为确保此类沟通交流顺利开展所采取的程序；

3. 列出部长为防止或减轻药品短缺问题而采取的主要措施，包括该年度部长加快审评的第 506C 节 g 小节（加快检查与审评）第（1）条所述的申请和补充申请数量和该年度部长加快第 506C 节 g 小节第（2）条所述的制药场所检查和复检的数量；

4. 阐述 FDA 与禁毒署（DEA）间为防止或减轻药品短缺而作的协调；

5. 明确 FDA 为防止或减轻药品短缺，在运用监管灵活性和审慎性方面的一些举措，以及运用此类举措的次数；

6. 列出收到第 506C 节 f 小节所述信件的企业名字；

7. 报告该年度部长确认的短缺药品数量。

（二）药品短缺的战略计划[2]

如前所述，《FDA 安全和创新法案》的颁布促成了 FDA 的药品审评与研究中心下药品短缺事务工作组（Drug Shortage Staff，DSS）

---

1 同 FDCA 第 506 节 C 救命药生产的停止或终止

2 参考法案第 506 节 D 专门工作组和战略计划的协调

的成立。这一工作组在制定战略计划，响应部长预防和减轻药品短缺上起了重要作用，主要有以下几方面。

1. 加强机构间和机构内的协调、沟通与决策；

2. 确保能够考虑到部长采取的监管措施可能引发药品短缺或加剧现有药品短缺之情况；

3. 筹划与外部利益相关者有效沟通事宜，包括部长应将潜在的或实际发生的药品短缺情况告知何人、如何与利益相关者沟通以及需要共享哪些信息；

4. 考虑到药品短缺对研究以及临床试验的影响，需确认是否应建立合格生产合作伙伴计划，即该伙伴计划的顺利实施需要一个能够供应已确定或可能会出现短缺的药品的企业，并可通过以下两方面考察企业供应短缺药品的能力：是否具备生产短缺药品目录所列药品的场所，或者具有快速响应药品短缺号召并生产该短缺药品的能力，以及应审查是否有相应激励措施鼓励合格的制药企业参与该计划。

为实施本条规定，药品短缺工作小组就药品短缺相关的问题可咨询 FDA 的相关机构，包括 FDA 局长办公室、药品审评与研究中心（CDER），法规事务办公室以及人类健康服务部专家和雇员等。如部长认为合适，应当聘请外部利益相关者和专家参与此类咨询。

（三）短缺药品目录[1]

为更好地预防和应对药品短缺问题，部长应持有美国境内即将短缺的药品的生产场所的最新目录，包括短缺药品的最新目录，并及时更新。该目录的内容应包括以下信息：药品名称，包括该药品的国家药品代码、该药品所有的生产企业、该药短缺的原因和预计短缺持续时间。

目录建好之后，部长应将短缺药品的信息公开，关于商业秘密和保密信息与《美国法典》18 卷第 1905 节或者《美国法典》5 卷第 552 节 b 小节第（4）条保持一致。但是若部长认为向公众披露第（1）条或者第 506C 节 c 小节所述的药品短缺信息可能会对公众健康造成不良影响，如导致药品囤积加剧，或出现其他干扰患者获得药品的行为，部长可决定不向公众公开此类信息。

（四）其他研究

涉及药品短缺的研究除了健康与人类服务部之外，还有美国的总审计署和司法部，以及部长聘请的第三方研究机构等。

1. 司法部长的药品短缺报告

自《FDA 安全和创新法案》颁布之日起 6 个月内及之后每一年，司法部长须向众议院能源和商业委员会及参议院司法委员会提交药品短缺报告。

---

1 法案第 506 节 E 即《美国法典》21 卷第 351 节及以下

（1）确认收到的《管制药品法案》第 306 节[1]h 小节（见《FDA 安全和创新法案》第 1005 节修订）所述的请求数量，这些请求的平均审评时间，批准以及拒绝的请求的数量，如拒绝还需说明理由；

（2）详述与禁毒署和 FDA 为预防或减轻药品短缺而做的努力以及相互间的协作；

（3）当部长确定某药品出现短缺，司法部长收到请求后，应审查并确认其是否属于《管制药品法案》第 306 节下的二类管制药品。若为二类管制药品，为解决管制药物短缺的问题，在本部分允许范围内，应请求增加管制药物及原料药的总生产额和人均生产配额[2]。若司法部长认为没有必要应请求增加生产配额，解决管制药物短缺问题，应提供书面答复详述其最终决定。部长应在 FDA 官方网站上公开该书面答复。

2. 总审计署长的研究

美国总审计长应开展药品短缺研究，以探讨出现短缺的原因。考虑以下问题后，提出预防或减轻药品短缺的建议。

（1）过去三年里出现短缺的药品，其主要特点是什么？

（2）是否有系统性高风险因素（如药品的价格结构，包括联邦报销情况、生产企业数量情况等），而导致某些药品容易出现短缺现象？

---

1 即《美国法典》21 卷第 826 节

2 即《管制药品法案》第 306 节（即《美国法典》21 卷第 826 节）

（3）药品短缺主要出现在无菌注射制剂及某些治疗领域的药品品种中，原因何在？

（4）法规方面：（A）法规、指南、监管措施、政策和联邦部门机构采取的其他行动（如机构间和机构内协调、沟通、战略规划和决策的有效性），包括执行法规要求的其他措施是如何影响药品短缺的？（B）这些法规、指南、监管措施以及政策有无引起、加剧、预防或减轻药品短缺？（C）如何完善、精简、补充或者停止实施上述法规、指南、监管措施及政策，以减轻或预防药品短缺的现象？（D）（C）款所述的变化将会给公众带来何种影响？

（5）囤积药品是如何影响药品短缺的？

（6）奖励措施对缓解或预防药品短缺有何作用？

（7）卫生系统方面：医疗服务提供者（包括医院和医生）应对药品短缺的措施在多大程度上可以有效调整医疗资源，以弥补药品短缺带来的影响？阻碍医疗服务提供者有效应对药品短缺的因素有哪些？

（8）市场方面：（A）药品短缺是否导致市场参与者囤积短缺药品或者高价出售这些药品？（B）（A）款所述行为对联邦政府的收入有何影响？是否有其他的经济因素加剧了囤药行为或为囤药行为提供了商机？（C）是否需要任何额外的报告或执法行动以解决此类囤药行为？

（9）执行情况：法案第506D节（见《FDA安全和创新法案》第1003节修订）所述做法是如何提高FDA能力以减轻和预防药品

短缺的？（B）是否有必要继续第506D节所述的工作小组和战略计划？或是否有其他促进FDA内部、FDA与其他机构之间及FDA与利益相关者之间沟通和协调的建议？

进行药品短缺研究时，总审计长应咨询利益相关者，包括医生、药师、医院、患者、制药企业以及其他医疗服务提供者。自《FDA安全和创新法案》颁布之日期起18个月内，总审计长应提交一份报告至众议院能源和商业委员会以及参议院卫生、教育、劳工和养老委员会，说明本节所述研究的结果发现。

3. 其他实体报告

部长应建立一个医疗服务提供方及其他第三方机构药品短缺报告机制。必要时，部长有权委托第三方机构进行相关研究，明确药品短缺的起因、趋势，并制订解决方案。

第五章 药品进出口[1]

第一节　进口

一、进口的要求

作为全球最大的进口国，美国自 2010 年起到 2015 年每年的进口贸易总额持续以 3.1% 的比例增长，2015 年的进口总量达到 2.18 万亿美元，其中医疗产品约占33%，约七千亿美元[2]。截止2017年8月，中国成为仅次于美国的第二大进口国[3]。因此，我们应清楚地了解美国联邦政府对进口药品的具体规定和程序，从而帮助企业走出去。

由于各国所认可的药品标准和国情各不相同，因此在确定药品进口的要求上，美国政府有着自己的一套完备的程序和相关要求。

1　法案第 802 节（即《美国法典》第 21 卷第 381 节）

2　http://atlas.media.mit.edu/en/profile/country/usa/

3　https://tradingeconomics.com/united-states/imports

（一）政府对健康与人类服务部的要求

1. 健康与人类服务部的工作要求

为确保根据本法进口的每一处方药都符合相关要求，且出于保护公众健康的目的，部长应在健康服务部内设立国际关系办公室[1]，与美国贸易代表和海关专员协商后，发布规章，允许药剂师与批发商从加拿大进口处方药到美国。

定期参加相关会议和论坛，与他国政府签订协议，以促进药品在美国和其他国家之间按照符合本法的方式流通。同时，为论坛在策略、政策、方针、成员资格以及论坛其他活动提供指导。在适当范围内，部长就论坛活动应从工业、学术、医疗卫生专业以及患者群体等方面征求建议。此外，可适当告知公众论坛活动，并分享与论坛策略、政策以及其他活动的相关记录文件。

就药品检查而言[2]，部长应与他国政府或他国政府机构达成协议，认可第 510（i）节下注册的他国企业的检查，推进风险检查。检查结果可作为批准药品进口的，以及部长认为合理的其他目的。

除了常规的商业药品外，对个人因特殊情况申请的药品进口，健康与人类服务部也应予以支持，具体规定如下。

部长可以通告制定规章或者通过法案，在部长认为合适的条件

1　第 803 节（《美国法典》第 21 卷第 383 节）（a）在健康与人类服务部下设国际关系办公室

2　第 809 节（《美国药典》第 21 卷第 384e 节）

下，允许个人进口某种不得进口的处方药，并拨付经费用于该类产品的进口。

（1）部长需向国会提交说明材料，证明允许个人申请的药品进口不会增加额外风险，并且会明显降低美国消费者在该类产品上的成本支出。

（2）在部长制定的法规生效后的 12 至 18 个月期间，如果部长向国会提交报告，证明实施后获得的实质性证据表明，实施该法规的效益并不大于对个人权益的损害，在部长提交有关报告之日其 30 日内，应停止施行本规定。

（3）若经过听证后，部长认定实施本条，将导致对公共健康与安全的风险增加的可能性有大于无，或者有定性和定量的依据说明所增加风险的性质及原因，以及是否有措施避免、降低或者消除风险，如果无法实现，则暂停个人申请的药品进口。

2. 与贸易部的合作

经与贸易部协商，部长应通过美国贸易代表办公室，与他国代表讨论减少消费者负担的方法与途径，以及必要时协调各国不同的要求、帮助实现本法保护消费者的目的，就协调各国间的管制要求进行讨论。同时还可以通过美国贸易代表办公室，推进欧盟与美国间达成相互承认有关药品方面的法规及药品生产质量管理规范的协议。

3. 与国土安全局和美国海关及边境保卫局的合作

部长应与国土安全局部长和美国海关及边境保卫局协商，确定发布规章，确定标准的进口商规范，分配企业唯一识别码给符合要求的进口商，指定进口商应做的后续工作，以确保进口药品符合本法案和《公共健康服务法》的规定。如果进口药物不符合上述规定，部长可撤销该药物贸易进口商的注册。

4. 与财政部的合作

部长应向财政部部长提供一份根据法案第 510 节第（i）小节和第 905 节第（h）小节注册的工厂清单。若生产、制备、增殖、配制和加工药品的工厂未列入该清单，财政部部长应将正进口或要进口到美国的药品样品交与部长。

（二）政府对贸易相关人员的要求

1. 对药品所有人或责任人的要求

（1）药品进口商在首次进口时，需向部长提交书面声明，说明该进口药品的生产商、加工商、包装商和分销商及所有的使用和损毁记录，提供相关分析证书。

（2）提供电子版的药品相关信息，包括：该药品适用的美国药品管理法规（如新药申请，简略的新药申请、或者研究新药或药物的主文件编号）；公司信息（如注册证明、公司唯一识别码）；具有符合现有的药品生产质量管理规范、测试结果、现场检查有关证明以及符合出口国规范的证明等。

（3）对药品按规定向进口商免费提供，经书面授权用于进口商使用的、经批准的处方药标识并支付相应的费用[1]，提供符合非处方药的严重不良反应事件报告[2]以及相关记录。

在部长认定不符合不良反应事件报告的要求时，责任人可提起诉讼，证明自己符合，经合理书面请求后并提供相应保证金，则可获得部长改变决定的机会。

此外，药品生产商可向慈善组织、人道主义组织（包括联合国及其附属组织）、他国政府进行捐赠，以及免费提供药品。

2. 对药品进口商的要求[3]

药品的进口商应提供以下资料：处方药活性成分的名称与数量；处方药剂型的描述；处方药的装运日期；装运数量、原产地及最终目的地、进口商支付的处方药价格；从他国销售商处取得的文件需详细说明处方药的原产地、合格实验室的证明以及相关实验记录、和销售商最初收到的每一宗进口处方药的数量、处方药的制造商为处方药指定的装箱号或追踪号、进口商的名称、地址、电话号码以及许可证号码（如有）等。

如果该进口商是此处方药从他国制造商在美国的首个收货人，并

---

1 这里的费用指递交保证金，和涉及销毁（如需要销毁的话），包括负责销毁的健康与人类服务部和财政部职员的差旅费、午餐费或补助的工资以及对授权的重新标识及其他行为进行监督的费用，将根据有关法规予以决定。所有与储存、运送、装卸这些依照规定不予批准入境物品的所有费用，均由物品的所有人或收货人支付

2 法案第 760 节

3 FDCA 第 804 节（《美国法典》第 21 卷第 384 节）

直接装运的情况下需要提供的材料和进口的程序要求更细致。列举如下：

（1）能够证明处方药是该收货人从制造商处的首个收货人，并且此后又由该接收人装运给进口商的说明文件。

（2）能够证明是首个收货人从制造商处收到的第一批处方药数量，以及其销往美国的药品数量不超过其所收药品数量的文件。

（3）在进口药品首次装运时，证明每批处方药都进行鉴定与降解实验，以及统计学意义的抽样和测试。

（4）在处方药不是从他国制造商的首个收货人处直接装运的情况下，需提供证明承诺每次进口到美国的每批次药品都进行鉴定和降解实验，以及有统计意义的抽样与测试。

二、进口的程序

美国药品的进口可分为两种，一般药品进口（Commercial shipments）[1]和个人申请的药品进口（Personal shipments）[2]。由于医疗体系的不同，因治疗需要，在美国，个人可以提出申请，进口某些未经 FDA 批准的药品，但必须具有详实的资料和证明文件。除此之外，无论是因为个人使用，还是其他原因，FDA 禁止任何未经其批准的药品进口，下面分别就这两类进行阐述。

1 进口的药品进入美国用于销售和批发

2 进口药品由个人提出申请，仅用于个人的治疗所用

（一）一般药品的进口程序

一般药品进入美国的形式主要分为：①通过美国邮政（U.S. Postal Service）；②非正式进口（Informal Entry），指进口药品价值在2500美元以下，无需缴纳保金（Bond）的产品，但某些特殊产品除外；③正式进口（Formal Entry），指进口价值在2500美元及以上，需缴纳保金的产品。

具体程序如下：

1. 药品进口商或生产商的产品进入美国，第一个打交道的政府部门就是美国海关和边境保护局（U.S. Customs and Border Protection，CBP），需确定要进口到美国的药品属于哪一类，向美国海关和边境保护局报关。大多数进口商会聘请报关经纪人（Customs Broker）或者文件递交代理（Entry Filer）[1]进行报关，通过自动报关界面（American Broker Interface）进行清关和费用的评估；

2. 海关将归属FDA管辖的产品，如药品移交给健康与人类服务部，等待审查；

3. 财政部长将进口药品的样品提交给部长；

4. 部长对样品进行相关检查；

5. 若样品检查合格或其他相关检查均通过的话，即可准予进口；

[1] 代替进口商递交必须的材料和相关的费用，目录请见美国海关和边境保护局网站

6. 进口商按照部长指定的形式和方法注册；并且在注册时提交按照本小节规定进口商注册的主要营业地的唯一识别码；

7. 若样品的检验或其他检查发现送检的药品生产、加工、包装的条件不卫生，或者其生产国或出口国是禁止销售或限制使用；或这些产品掺假、错误标识；或进口商违反规定禁止进行或通过运输进行跨州贸易的话，且该批药品价值少于或等于 2500 美元，那么部长有权销毁；

若该批药品价值大于 2500 美元，部长有可靠证据或信息能证明责任人不符合提交非处方药严重不良反应报告的规定，或责任人无法提交所需报告的相关记录，则不得批准入境；

8. 此外，依据财政部长制定的法规，在责任人收到拒绝决定之日起 90 日内，或其他额外规定的时间内不出口该产品的话，财政部长应负责销毁。

按规定销毁药品时，部长应颁布规定，通知所有人或收货人并给予会见机会。所有人或收货人可提出证据。此规定应在药品销毁前提供给所有人或收货人可行性程序，使其寻求使药品免于销毁的方法。在部长通知会见所有人或收货人并提供药品销毁证据期间，部长应将药品储存，如可行，应在通知之后再另行处置药品。除非所有人或收货人根据规定[1]支付所需费用。所有人或收货人均会收到通知，会见部长并提供证据。

所有批准的重新标识或者其他行为，均应依法在部长指定的人

1 法案第 802 节（c）小节

员，或者财政部长指定的财政部的人员监督下进行。

（二）个人申请的药品进口

在很多情况下，美国政府不允许个人从境外购买药品带回国内使用，因为这些药品大多数没有经过 FDA 的批准而用于美国境内的使用和销售。FDA 无法确保这些药品的安全性和有效性。因此 FDA 推荐从合法的途径购买药品。但是，在某些情况下，出于个人医疗需要而非用于销售和批发的药品进口，以快递和国际邮包的形式购买的境外产品，在符合规定的情况下也是允许的。FDA 因此出台了《个人申请进口产品指导原则》(Personal Importation Policy,PIP)，详述了个人申请进口的药品需满足的条件[1]，如该药品必须是用于严重疾病情况的治疗，且在美国境内无有效治疗药物；不得给患者带来不可控的风险等。

除个人填写申请表外，需说明个人从有许可证的药房，为个人使用目的、而不是为了转售而进口的。进口药品的生产商需为法案第 510 节注册的工厂，进口数量不超过 90 天用量，并附上有效处方的复印件等。

第二节 出口[2]

一般情况下，美国将一些国家列入常规出口国的清单中，如澳大利亚、加拿大、以色列、日本、新西兰、瑞士、南非、欧盟或者欧洲经济区的国家。通常，药品进入跨州贸易或出口到其他国家

---

1 https://www.fda.gov/downloads/Drugs/GuidanceComplianceRegulatoryInformation/ImportsandExportsCompliance/UCM297909.pdf

2 FDCA 第 802 节（《美国法典》第 21 编第 382 节）

需要根据法案第 505 节取得部长的批准，或部长按照《公共健康服务法》第 351 节，或者由农业部长根据 1913 年 3 月 4 日的法律（通常称为《病毒—血清—毒素法》）颁发的许可证。但是未获得批准或者许可证，或者不满足前述条文或者法律的情况下，也是可以出口的。前提是该药品符合该出口国的法律，并取得这些国家的主管部门的有效上市批准。

一、联邦政府应做的工作

当然除了上述国家之外，部长可以另外指定其他国家，只要该国符合以下方面的要求。

1. 有某一政府实体部门审查药品的安全性、有效性，授权只批准该部门雇佣或者委托的经科学训练、有资格确定药品安全性、有效性的专家，经充分研究（包括临床研究）认定是安全、有效的药品；

2. 有相应的机构和控制方法足以保证它们的鉴别特性、质量、纯度和规格含量；

3. 有相应机构报告药品的副作用，发现药品不安全、失效后的撤销批准及除名；

4. 有药品标签与销售批准的要求。

二、出口商应做的工作

药品的出口商首次出口时应向部长提供简短的通告，说明出口药品的详细情况，并保留有关出口药品或器械及其出口目的地国的记录。

若药品出口商，既不符合规定的批准条件，也不符合美国对出口国的国家批准条件，仍可以向部长请求批准将该药品出口到未列入常规出口国清单的国家，只要满足下列条件：

1. 药品出口商证明药品将无法达到本法规定的批准条件，或者出口国也达不到常规出口国的批准条件；但是可以向部长提供部长可接受的、可信的科学证据，表明该药品在出口国家的使用条件下是安全有效的，并且出口国的相关卫生主管部门请求向该国出口该药品。该国的主管部门可证明其理解美国政府有关药品未按照本法得到批准或者未将其列入常规出口国清单的原因，以及认同按照出口商提出的科学证据是证明该药品在该国将有合理的安全性与有效性的可信的科学证据即可。在收到根据本条提出的药品出口请求之日起 60 日内，会收到部长给出的答复；

2. 对研究用药，只要符合常规出口国的法律，即可向其出口，且豁免适用法案第 505（i）节、第 520（g）节的规定；

3. 对准备在常规出口国上市的药品，而进行配制、填充、包装、标识，或者进一步加工的药品，只要符合这些国家的法律即可向其出口；

4. 若出口药品是用于诊断、预防、治疗热带疾病及其他在美国并不流行的病症，只要部长认定该药品不会导致使用国的患者有疾病或伤害风险，并考虑到可能的风险及该药品当前的益处后，使用药品对健康带来的可能收益超过因其使用带来的疾病与伤害风险时，可以允许出口。

取得出口药品批文后，被许可人应向部长报告收到的有关该药品在常规出口国收到的有价值信息；以及有关该药品副作用的任何信息。

在下列情况下，部长可撤销对已批准药品的决定：如果部长认定所批准的药品不再满足该条的要求；或者进口商无法提供不良反应相关的报告，部长可以在向该批文持有人提供非正式听证机会后撤销许可；或者进口商正将药品从美国向另一个出口商出口，该出口商又将药品出口至非常规国家，而该出口将造成紧迫危险的后果，部长可通告药品出口商并提供快速听证后，立即禁止该药品出口。

此外，若药品出现以下情况亦不得出口：经鉴定属于掺假的药品、不符合 cGMP 的药品、不符合部长认可的 ISO 标准情况下，制造、加工、包装和保存的药品不得出口，以及如果部长或农业部长认定出口药品的重新进口可能对美国的公共健康与安全造成紧迫危险的后果，且只有禁止该药品的出口才是限制危险的唯一办法时，或者药品会对出口目的国的公共健康与安全造成紧迫危险。

第六章 禁止行为与处罚

第一节 禁止行为[1]

在药品流通贸易中，法案第301节(《美国法典》第21卷第331节)禁止以下10种行为。

(1)在州际间从事掺假或错误标识食品、药品、器械、烟草制品及化妆品的生产、引入、贸易或运送行为。

(2)州际贸易中引入或运送任何触犯《联邦食品药品和化妆品法案》第404、415、505或564节(即州际贸易食品污染紧急控制、食品设施注册登记、新药、授权医疗产品紧急情况)相关规定的行为。

(3)制造假冒药品，或者销售/分发假冒药，或者持有假冒药以销售/分发的行为。或者是伪造、假冒、模仿或虚假陈述，或未经正当书面授权的情况下使用与该药品相关的任何标志、印记、标签或者其他身份识别设计。

---

1 法案第301节即(《美国法典》第21卷第331节)

（4）利用自身优势，向除了部长、相关人员或者涉及到本法案司法程序法院以外的人或者机构，披露涉及到商业机密保护的信息，或者违反第 408（i）（2）条或依据该条[1]签发的规章规定。

（5）在标识、广告或者其他促销材料中使用符合第 704 节所述的报告或者分析材料。

（6）对于州际贸易中经销或者销售的处方药，运输、转送处方药的生产商、包装商或批发商，未能按照州法许可管理这些药品执业者的书面要求，提供真实正确的药品印刷物或者部长批准的其他此类印刷物副本。

（7）违反第 801（d）（1）条的要求进口药品，违反第 503（c）条的规定销售、购买、交易药品或者药品样品或者打算销售、购买、交易药品或者药品样品，违反第 503（c）（2）条的规定交易、伪造规定的优惠券，未遵守第 503（d）条或未按照第 503（d）条的要求批发药品，或者未遵守第 582、584 及 503（e）部分的要求。

（8）故意在第 801（d）（3）条中部分规定或者要求的声明、分析证明、记录或报告中做虚假声明；未按照此部分规定保留或者递交记录；在州际贸易中让此类物品或由这些物品制成的产品流入美国[符合《公共卫生服务法案》第 801（e）或 802 部分或 351（h）部分相关规定的进口除外]；或未能出口或销毁此类物品或由这些物品制成的产品；在未得到信息递交者书面同意的情况下，披露其商业机密信息和交易机密信息；或者第 523 节规定的委派人员以任何形式收受贿赂或者贪污腐败的行为，上述行为与本法案

1　法律中如此。见《公法》104-170（法律汇编 110 卷 1514）第 403 节做出的修订

对其委任的相关责任人之职责有关。

（9）将严重不良反应报告中上交给相关负责人（如第 760 或 761 节规定所述）时存在做假行为，或在将严重不良反应报告递交给部长（如第 760 或 761 节规定所述）时存在弄虚作假行为。

（10）在州际食品贸易中引入或运送添加下列产品，这些制品包括：通过本法案第 505 节获批的药品、通过《公共卫生服务法案》第 351 节获批的生物制品、或已有大量临床研究且这些临床研究已对公众开放的药品或生物制品。

第二节　司法管辖权

美国地方法院及领地的美国法院，为防止违反第 301 条的相关规定，除了（h）、（i）和（j）条以外（具体法条详见附件），对出现的诉讼事由具有管辖权。违反根据本节（即“禁令程序”）签发的禁令或限制性命令的行为，也构成违反《联邦食品药品和化妆品法案》的行为，由法院或者根据被告的请求由陪审团来审理。

第三节　处罚

一、处罚依据

美国对药品流通过程中的违法行为处罚严厉，主要依据《联邦法案》《联邦食品药品和化妆品法案》《公共卫生服务法案》，或是根据上述法律法规制定的其他法案、规章，包括各州根据实际情况制定的法案等。

二、处罚类型

对于违反法案相关规定、以及根据法案颁布法规的其他相关规定行为，一般会采取罚款、没收、禁止或暂时拒绝批准和中止相关申请、民事处罚、撤回药品相关申请等处罚措施。这些处罚措施及其适用情形举例如下表所示，具体处罚额度（例如罚款标准等）详见附件且仅供参考。

表 1　处罚及适用情形表

处罚措施	适用情形
罚款	蓄意进口药品
	故意或打算销售、购买、交易药品或药品样品
	故意销售、购买、交易或伪造此类优惠券
	批发药品
	药品样品生产商或经销商代表在受该生产商、经销商雇佣或合作期间，通过邮寄和普通货运以外的方式，销售、购买或交易药品样品
	生产商或经销商因未按要求完成报告而违反规定
	故意且有预谋地在药品中掺假，致使药品被列为掺假药品，且可能最终导致严重不良反应后果，甚至造成人或动物死亡
	蓄意经销或打算经销人类生长激素用于人体，而非作为治疗疾病或其他允许的医疗情况之用
没收	任何掺假或错误标识的食品、药品或化妆品引入州际贸易，或在州际贸易中装运后持有代售
	发现假冒药、装假冒药的容器、打孔机、硬模、图版、排版、标识、容器或其他用于生产假冒药的器具、掺假或错误标识的器械
	错误标识的广告，在保存食品以销售给最终消费者的设施内播放 / 散播；由该机构的所有者或经营者散布或在其指导下散布；花费由该机构的所有者或经营者全部或部分承担
	该机构的所有者或经营者利用该广告宣传推广食品

续 表

处罚措施	适用情形
禁止、暂时拒绝批准和中止	强制性禁止某些药品申请：公司、合伙企业和团体因实施与简化药物申请的研发或审批过程中有关的行为，触犯《联邦法案》下的重罪；个人因实施研发审批过程相关行为被判《联邦法案》下的重罪，禁止其提供服务 非强制性禁止特定药品申请、食品进口：触犯《联邦法案》下的重罪（若此人在本法案实施之前就已定罪），《联邦法案》下的轻罪，州法案下的重罪

三、处罚程序

1. 应严格按照法案规定的程序对违反禁止行为的个人和机构采取适当的处罚措施，处罚程序详见附件。在部长向美国检察官报告违反本法案的行为、进而开始刑事诉讼之前，应适当通知将被指控的人，并给予其机会提出口头或书面意见。

2. 在本节规定的涉及的诉讼程序中，一旦对任何设备或其他东西（除药品之外）的诉讼完成判决，权利人如能向法院证明以下事实，在权利人利益的考虑范围内，法院应允许其为减缓或免除罚没的请求，前提是该原告可以满足法院两个要求：（i）该原告未违反或被迫违反禁令，且与此段中的药品无利益关系，（ii）该原告对其作为所有人或留置权权利人或其他方式善意取得的设备或其他东西有利益关系，并且（iii）该原告从未认识到或有理由认为，这些设备或其他东西正被用于或会被用于违反或帮助违反美国法律中有关假冒药的规定。

3. 司法部长可应部长要求提起民事诉讼，追回规定的处罚数额。该诉讼可单独或与其他民事或刑事权利主张一起由司法部长按照此法案的规定提起。在确定民事处罚数额时，部长或法院须考虑受处罚行为的性质、条件、程度、影响，以及与违规者相关的赔偿能力、对继续经营能力的影响大小、此前有无类似行为，以及公正审判中可能要求的事项。

第二部分

第一章 监督权力及程序

第一节　监督权力

一、法规与听证

FDCA 第 701 节【《美国法典》第 21 篇第 371 条】

（a）除本节另有规定外，为有效实施本法案，特将颁布规章的权利授予健康与人类服务部部长（以下简称部长）。

（b）除该条规定特殊情形外，财政部部长以及部长应联合制定规章以有效实施第 801 节的规定。在给予合理通知后，部长可以以其认定的适当方式和时间颁布上述规章。

（c）本法案所授予或要求的听证应由部长或者部长指定的人员实施。

（d）尽管其他美国法律或者法规也可能包含相同的定义和标准，根据本法案发布的有关身份的定义和标准仅适用实施本法。

(e)(1)任何发布、修订或撤销根据本法案第 403(j)、404(a)、406、501(b),以及 502(d)和(h)等制定的法规,以及任何修订或撤销根据第 401 节有关奶制品(包括《联邦法规》第 21 章第 131、133 和 135 部分规定的产品)与枫糖浆[1](根据《联邦法规》第 21 章第 168、140 部分规定的产品)而制定的法规,其动议只能通过以下方式产生:(A)由部长主动提出;(B)由利益相关方提出并向部长说明合理理由。部长应当公布这些动议并且给予所有利益相关方通过口头或者书面方式表明观点的机会。一旦可行,部长将通过命令处理这些动议并将之公布于众。除第(2)条另有规定外,部长的命令将在命令中规定的时间生效,但不得早于本条规定的可最后提出反对意见日的次日。

(2)根据第(1)条规定自公开的命令发布起的 30 日内包括第 30 日,因为命令实施,利益受到不良影响的人均可向部长提出反对意见,指明其反对的具体条款并阐明反对理由,并可以要求就其反对意见举行公开听证。除部长根据第(3)条的规定对反对意见作出最终行为,反对意见可终止其反对条文的实施。在提出反对意见时期结束后的合理时间内,部长应在《联邦公报》发布通知,说明命令中因为反对意见而不能实施的部分,如无反对意见,则阐明事实。

(3)在要求公开听证后的合理时间以及部长作出适当通知后,应举行公开听证以接收反对意见相关的证据以及材料。听证会中,利益相关方可以亲自出席,也可委托代表出席。在听证会结束的

---

1 国会立法的可能意图是删除有关枫糖浆(maple sirup)的规定,《公法》第 105-396 号第 3(h)条试图通过取消"或者是 maple sirup(《联邦法规汇编》第 21 章第 168,140 部分规定的产品)"以修订(e)(1)的规定。但是,由于修正案中使用的词是"maple syrup"而不是"maple sirup",从而导致该修正案无法实施

合理时间内，部长应就反对意见作出命令并将之公开。部长应在命令中明确其生效时间，除非部长发现存在紧急情况需要更早的生效日期，否则命令将在自其公布起的 90 日后生效，并且在有紧急情况下，部长应当在命令中明确其对紧急情况的认定。

(f)(1) 在就 (e) 小节下任何命令产生事实上争议的情形下，因为命令实施而受到不良影响的人均可在自命令发布起 90 日内，向其居住地或者营业机构所在地的美国联邦巡回法院提起诉讼，申请对命令进行司法审查。诉状的副本应由法院的书记员送交至部长或者部长为此指定的官员处。根据《美国法典》第 28 篇第 2112 节的规定，部长应向法院递交其作出命令的案卷。

(2) 如果起诉人申请法院批准其提供更多的证据，并且能够使法院信服其证据的实质性，且具合理理由解释其在部长先前诉讼过程中未能提供该证据，法院可命令将这些证据 (及相应的驳斥证据) 提供给部长，并在法院认定的合理时间内用合理的方式在听证会上列举。部长可根据这些新证据来修改已认定的事实，或者承认新的事实，此外在归还这些补充证据时部长应将新认定的事实和他的建议进行归档以便于修改或者撤销原先的命令。

(3) 本小节第 (1) 条所指的起诉，法院有权维持原命令或者暂时或永久撤销部分或者全部命令。如果部长的命令拒绝发布，修改或者撤销某规章且该命令不符合法律规定，法院应通过判决命令使部长对该规章采取措施。部长对有关事实的认定如果有实质性证据的支持，将有最终效力。

(4) 法院有关维持、撤销部分或整体命令的判决应当有最终效力，根据《美国法典》第 28 篇 1254 节规定，该判决仅能由联邦最高法院以调卷令或调查令方式进行审查。

（5）依据本小节规定而做出的任何行为不受部长职位人员更替或者职位空缺的影响。

本小节规定的补救条款是法律规定的其他补救措施的补充而非代替。

（g）据（e）小节所规定的有关记录和程序案卷，在利益相关方支付成本费用后，可应其要求由部长提供经认证后的手抄案卷复印卷，该案卷在任何有关虚假宣传的刑事案件，禁止进口或者本法项的其他程序下，均可作为采信的证据，无论与命令有关的程序是否依据（f）小节的规定启动或已成为终局行为。

（h）（1）（A）部长可以在公众参与的情况下，制定指导性文件，并且确保文件包含的信息以及文件本身的书面形式以及，如果可能的话，以电子形式提供给公众。该文件不得为任何人创造权力或者授予任何人权力，即使这些文件可赋予部长对食品药品管理局的管理工作提出意见的权利。

（B）尽管指导性文件对部长没有约束力，部长也应当确保食品药品管理局的雇员在没有正当理由或者未经上级允准的情况下不偏离这些指导文件。部长应就如何制定以及使用这些指导性文件培训雇员，并且监督文件的制定与发布。

（C）（i）如果指导性文件对条例或者规章作出初步解释，对有关复杂的科学事项或者具有高度争议的事项的解释以及政策作出了大幅改变，部长应确保文件有公众参与，除非部长认定公众事先参与是不可行或者不合适的。在没有公众事先参与的情形下，部长应在执行中向公众征询意见并且认真考虑这些意见。

（ii）至于医疗器械，如果行业指导信、建议信或者类似的通知对法规、政策或陈述进行初步阐释，或对政策上的变化进行解释，那么该通知依据本款规定可视为指导性文件。

（D）对于规范现有执法实践的指导性文件或者对政策作出小幅度变化的指导性文件，部长可在执行后给公众提供评论机会。

（2）在制定指导性文件时，部长应确保这些文件有统一的命名以及统一的内部批准程序。部长应确保这些文件及其修订版适当标明日期并且标明该文件不具有约束力的性质。部长应定时复查这些指导性文件，并在适当情况下修订这些文件。

（3）部长应通过委员制定这些文件的电子版本，并且在《联邦公报》上适时上传更新指导性文件的列表。所有这类文件都应提供给公众。

（4）部长应确保设立有效的申诉机制，以处理有关食品药品管理局未依照本小节制定和使用指导性文件的申诉。

（5）在评估了公布在《联邦公报》上的第62卷第8961条《药事指导质量管理规范》文件的有效性后，部长应当按照本小节的规定，最晚于2000年7月1日，公布规章来规范食品药品管理局制定、发布以及使用指导性文件的政策与程序。

二、审查与检查

FDCA 第 702 节【《美国法典》第 21 篇第 372 条】

（a）（1）（A）本法案授予部长审查与检查的权力，部长可通过部门内的官员和雇员，或者通过卫生、食品和药品的官员和雇员，或者部长委任为部门官员的州，领地及政府部门的雇员进行。

（B）（i）在可能的情况下，部长应依据本条规定与各州签署合约，对烟草制品开展与本法案相关的州内零售商的检查。

（ⅱ）部长依据（i）规定，在没有印第安保留地的书面同意情况下，不得与任何印第安部落的所在州签订契约，执行本法相关规定。

（2）（A）除第一条规定的权限外，根据与其他联邦或其他政府部门负责人达成的理解备忘录，本法案授予部长通过其他部门的官员或机构雇员进行审查及检查工作的权力，第（B）款另有规定者除外。前述的谅解备忘录应由政府其他部门负责人独自决定，内容包括对从事审查和检查工作人员的培训和撤销相关费用的条款，此外，还可要求部长负担其他部门审查或检查人员部分或全部费用。

（B）第（A）款规定的部长与联邦其他部门达成的谅解备忘录仅对检查和审查由部长和其他部门共同规范的设施或者其他场所时有效。

（C）根据第（A）款规定的谅解备忘录，每一财政年度部长和其他联邦部门在实施一项或多项审查检查工作时，各自均应向其归属的众议院和参议院两院委员（授权拨款的委员会）会提交报告说明以下事项：（i）依据谅解备忘录从事一项或者多项项目，工程或者活动的官员和雇员的人数；（ii）依据谅解备忘录而额外审查和检查的客体数目；（iii）依据谅解备忘录额外进行审查和检查的次数。

（3）在波多黎各自由邦或领地进行食品包装时，部长认定适用本法规定且所拥有的设施足以进行检查的情况下，需在进入美国的第一时间对该食品进行检查。

（4）就本小节来说，"美国"一词指各州和哥伦比亚特区。

（b）当依据本法收集食品、药品或化妆品的样品进行分析时，部长可应请求，将样品的一部分提供给产品标签上的所列法人，或物品的所有权人，或是他的律师和代理人供检查分析；除非部长被法规授权，为正确执行本法规定，对本款的实施设定合理的条款和情况。

（c）为实施本法，联邦政府部门以及独立管制机关的案卷都应向部长授权负责检查的食品药品管理局的官员公开。

（d）部长经授权和指示，应贸易部负责知识产权的助理部长和美国专利商标办公室主任的要求，向其提供跟专利申请有关的全面有效的药品信息。部长经进一步授权，根据上述要求，是否进行或者停止有关研究。

（e）依本法规定，部长指定负责假药审查，调查和检查工作的官员或雇员，经部长授权可：

（1）携带武器；

（2）执行或发出搜查令与逮捕令；

（3）根据第 304 节虚假宣传程序所签发的命令，执行扣押；

（4）如果其有理由认为罪犯已经实施或正在实施假药的犯罪，且当场犯罪或犯罪情节严重，可根据本法案直接逮捕无需逮捕令；并且

（5）根据第 304（a）（2）节启动虚假宣传之诉程序之前，扣押药品以及包装箱、器械、打孔机、硬模、图版、排版工具、标识以及其他物品，只要这些物品是或者执法人员有合理理由认为他们是根据第 304（a）（2）节应当予以扣押或者没收。依据本条进行扣押时，第 304（a）（2）节的虚假宣传之诉应尽快进行，并且所扣押之物将由有管辖权的法院管理。

三、跨州运输记录

FDCA 第 703 节【《美国法典》第 21 篇第 373 条】

（a）通则——为实施本法，应部长指定官员和雇员的要求，跨州运输的承运人以及接收或收到跨州运输的食品、药品、器械、烟草制品或者化妆品的人应允许前述官员或雇员，在合理的时间，查看和复制所有食品、药品、器械、烟草制品以及化妆品的跨州运输记录，运输中和运输后货品持有人的记录，以及相应的数量，承运人和接收人姓名；当执法人员有要求检查的书面文件，并说明要检查的食品、药品、器械、烟草制品或化妆品的性质或

种类后，承运人员或相关人等拒绝执法人员接近或者复制记录将构成违法行为。但是依据本小节所获得的证据以及由这些证据直接或间接形成的证据不能作为对证据来源个人的刑事追诉，承运人在正常业务活动内收受、携带、持有、运输食品药品设备，烟草制品和化妆品不受本法案的其他条款约束，除（b）小节规定的特殊情况外。

四、工厂检查

FDCA 第 704 节【《美国法典》第 21 篇第 374 条】

（a）（1）为实施本法，由部长指定的官员和雇员在向所有权人、经营者及代理人出示执法证件和书面通知后，授予权力的如下：（A）可在合理时间内进入任何生产、加工、包装或者为投入跨州运输而持有、已经进入跨州运输而持有食品、药品、器械、烟草制品和化妆品的工厂、仓库或设施，或是进入用于运输载有上述食品、药品、器械、烟草制品和化妆品的车辆；（B）在合理的时间和范围内，用合理的方式检查工厂、仓库、设施、车辆以及所有相关的器械，成品和半成品的原材料以及包装和标签。对于生产、加工、包装、运输、分销、持有或者进口食品的人（除了农场和餐馆），当部长有合理理由相信，食品因为掺假或可能造成严重不利健康的后果，甚至是人或动物死亡时，应将检查范围扩至所有记录以及第 414 节描述的其他信息。不过，当采用第 414 节（a）的第（1）或（2）条的记录检查标准时，应遵从第 414 节（b）所规定的范围。对于生产、加工包装或持有人用处方药和非处方药，限制类器械或烟草制品的工厂、仓库、设施或顾问实验室，检查范围扩至与此相关的所有物品（包括记录、文件、档案、程序、控制和设备），人用药、限制类设备或烟草制品是否掺假或者粘贴虚假标签，根据本法禁止生产进入跨州运输、或是在前述机构已被或正在生产、加工、包装、运输或持有，以及违反本法的其他情况。前一句以及第（3）条授权的检查范围并不包括金融数据和销售数据，应仅限于运输数据、价格数据、人事数据（除非是反映本法案规定的特定技术和专业技术人员才能从事活动的有关人事数据）和调查数据［除了第505节（i）和（k）、第519节、第520节（g）或是第四章规定的必须要报告和检查的与新药、抗生素、器械和烟草制品相关的数据，以及第505节（j）规定的如果是新药就必须报告和检查的其他药品、器械和烟草制品的相关数据］。每一项检查都应有相应的通知，但是在检查期间每次进入相关场所不必再给出通知。每项检查都应尽可能的尽快开始和结束。

（2）第（1）条的第3句条款不适用于以下情形：

（A）拥有符合地方医药职业法律规定要求设施，根据有处方权的执业医师在其执业过程中向其护理的患者开出的药方，分发处方药和器械的固定药店。这些药店既没有通过其他子公司或者通过其他方式生产、制备、配制或加工，也没有用于正常营业活动之外的配药、售药以及零售器械；

（B）执业者依法出具处方、管理药品、使用器械或开具器械处方，以及在其执业过程中生产、制备、培养、配制、加工药品，或制作、加工器械的行为；

（C）生产、制备、培养、配制或者加工药品以及制造、加工器械的人仅以研究、教学或者化学分析为目的而非销售；

（D）部长认定对某些人群进行检查并非为保护公众健康而必需时，通过规章免于适用本条规定的其他人群。

（4）（A）根据本小节规定，部长需要检查的生产、制备、传播、配制和加工药品机构的记录和其他信息，应部长要求，由机构所有者或运营人在检查之前或之时，在合理的时间和范围内用合理的方式提供给部长电子或者书面版本，一切费用由机构所有人或运营者承担。部长的要求中应充分列出所要求记录的内容。

（B）在收到（A）小节规定的记录时，部长应向提供者表明记录已收到。

（C）为确保与本法案的一致性，本条的任何规定都不能取代部长进行检查的权力，除非另有规定。

（b）在完成对工厂、仓库、顾问实验室或者其他机构的检查之后，在离开检查的机构之前，负责检查的官员或雇员应给该机构的所有权人、经营人或代理人提供一份报告，报告内容包括其观察到的机构环境或操作存在的与食品、药品、器械、烟草制品和化妆品相关的以下问题：（1）存在全部或部分不洁、腐败或者腐烂的物质；或（2）在不卫生的环境下制备、包装或储存，并且可能受到污染，或者已经对公众健康造成危害。报告附件应尽快送交部长。

（c）如果官员或雇员在工厂、仓库或其他机构检查过程中收集了样本，应在检查结束，离开之前向所有权人、经营人或者代理人提供一份列明采集样品的收条。

（e）依据第 519 节和 520 节（g）的规定保管相关记录的人，须应部长指定的官员或雇员的要求，允许上述人员在合理时间查看、复制和核验这些记录。

（f）（1）第（3）条规定的、经认证的人员，应当保留反映培训、其本身及雇员的培训资格、处理机密信息的程序、有关赔偿的安排、以及识别与避免利益冲突方面的记录，在部长指定的官员或雇员提出要求后，应当允许其在合理的时间内查看、复制和核验这些记录。

（2）在收到部长书面要求的 15 日内，第（3）条规定的经委派的人员应当在部长指定的地点提供第（1）条规定的记录的副本。

（3）根据第（1）和（2）条所指的经委派的人员是指：

（A）依据（g）小节委派的人员；或者

（B）依据 523 节委派的人员。

（g）（1）部长应遵从本小节的条款委派有关人员对生产、制备、培养、配制或加工第二类和第三类器械的机构根据第 510 节（h）的规定进行检查，或根据第 510 节（i）对要求注册的机构进行检查。根据第（6）条合格的机构所有权人或经营人可在第（4）条规定的发布的列表中选择一名委派人员进行检查。

（2）部长应在《联邦公报》上公布接受或者不接受对要求履行第（1）条义务人员的委派要求。然后部长应在收到认证申请 60 日之内通知认证申请人，其申请材料是否充分完整，并对其申请尽快作出决定。认证结果应表明此人有资格进行第（1）条中医疗器械机构的审查。并且此人的认证书还应说明此人在此分节下负责的具体活动。

（3）受委派的人员至少得满足的条件如下：

（A）不得是联邦政府的职员。

（B）是独立的组织，非本法规定的制造商、供应商或销售商所拥有或控制，与这些生产商、供应商和销售商不存在组织上、物质上或者经济上的关联关系（包括咨询上的关联关系）。

（C）应当是被允许从事其委派事项的、依法成立的实体。

（D）不得从事本法所规定的产品的设计、制造、包装、推广或销售活动。

（E）这些人员的工作应符合行业普遍接受的专业与职业惯例，且至少以书面形式满足以下条件。

（ⅰ）保证其报告的信息准确反映被审查的数据、检查的结论，有关或影响遵守本法案的其他事项，以及在检查中和检查结束在会议上所提建议；

（ⅱ）将其工作范围限制在专业和能力允许的范围内；

（ⅲ）将收到的信息、记录、报告和建议视为商业机密或者金融信息，或是机密贸易信息，除非该信息应提供给部长；

（ⅳ）对于其委派后的活动投诉应尽快作出回应并且努力解决；并且

（ⅴ）在实施第（1）条时，被委派的人员不得是与本法规定的产品存在经济利益冲突的官员或雇员，并且经委派的人员及其官员和雇员每年应向公众公开相关信息，表明其符合本项有关经济利益冲突条款的情况。

（F）当受委派人依据本小节规定对医疗器械机构进行检查时，如发现有第（7）条中质量体系标准的一致性证书被撤回、中止、受限或过期的情况后 30 日内，应通知部长上述情况。

（G）该人员应对此医疗器械机构进行审计，确认是否符合第（7）条中的质量体系标准。

（4）部长应在美国食品药品管理局的官方网站上公布依第（2）条而委派的人员名单。此名单应该及时更新，确保公众了解被委派的人员及其工作内容。名单的更新应依据本小节规定，对有关人员委派、暂停和撤销委派、变更之日一个月内进行。

（5）（A）为了保证根据本小节委派的人员始终符合受委派标准，部长应：

（ⅰ）通过复核委派人员的检查报告，定期考察该人员工作表现，评估医疗器械机构的一致性状况；以及

（ⅱ）采取部长认为合理的其他措施。

（B）依据第（2）条而委派的人员，一旦部长发现其确实不符合

委派人员标准，对公共健康造成威胁，未能按照本小节规定的方式活动，或者部长认为委派人员与本小节规定的医疗器械机构的所有权者或运营商存在经济利益冲突时，在部长给予通知并进行非正式的听证后，可以撤销已经作出的委派决定。在前一句所述程序暂停期间，部长可以暂停对委派人员的认证。

(6)(A)按照第(B)和(C)款规定，当某器械设施满足以下条件时，即适于第(2)条规定的委派人员检查。

(ⅰ)部长将最近进行的医疗器械机构检查结果分为“无需采取行动”或“由当事人采取自愿行动”。

(ⅱ)对于委派人将要进行的检查，机构的所有权人或运营人向部长提交含有以下内容的公告：

(Ⅰ)部长对机构最后一次检查的日期以及检查结果的分类；

(Ⅱ)表明所有权人和经营人接受委派人员进行检查的意愿；

(Ⅲ)指明所有权人和经营人倾向于选择的某个具体委派人员；并且

(Ⅳ)至于正在机构中被生产、制备、传播、配制或加工的器械，须包含以下证明：

(aa)至少有一台这样的器械在美国已经上市；并且

(bb)至少有一种这样的器械已经或者即将在一个或多个国家上

市，并且这些国家中至少有一个承认、认证或以其他方式根据第（2）条委派这些人员并根据分条款（Ⅲ）授予他们从事对医疗器械机构检查的权力。

（B）（i）除了第（A）（i）小节的要求外，医疗器械机构将视为接受（A）小节（ⅱ）规定的委派人员审查，除非部长在收到通知的30天内作出以下回应：

（Ⅰ）依据第（C）款拒绝参与审查；或者

（Ⅱ）根据第（ⅱ）项作出要求。

（ⅱ）为了对（A）款（ⅱ）规定的通知作出回应，部长可向医疗器械机构的所有权人或经营人，或是该通知中委派的人员作出以下要求：（Ⅰ）依据第（ⅲ）（Ⅰ）项规定医疗器械机构向部长提供符合要求的数据；或（Ⅱ）要求机构所有权人或经营人和通知中所提及被委派的人提供关于两者间关系的信息。机构的所有权人或经营人，且受委派人员必须在收到要求的60日内作出回应。

（ⅲ）（Ⅰ）应第（ⅱ）（Ⅰ）项要求医疗器械机构所有权人或经营人向部长提交的合规数据是反映该机构的质量控制是否拥有符合501（b）节以及与本法其他条款规定的先行优良生产质量管理规范相一致的数据。这些数据包括此前2年内，由机构所有权人、经营人以外的其他人进行的、与优良生产质量管理规范和其他质量控制审核相关的、检查结果的所有信息，以及部长认为必要的其他相关合规数据。前面所述数据，必须向部长证明，该机构是否已经通过迅速纠正检查中发现的问题而做到持续合规。

（Ⅱ）依据第（ⅱ）（Ⅱ）项规定对委派人员提出的要求不得逾越委派人员依据第（f）（1）小节规定记录保存的信息。

（ⅳ）除非部长在收到第（ⅱ）项规定的信息起在60天内依据（C）小节作出了拒绝回应，否则就默认医疗器械机构获得官方许可参与审查项目并且选择依据（A）小节第（ⅱ）项中规定的通知中的委派人员进行审查。

（C）（i）如果部长有证据表明（A）（ⅱ）（Ⅳ）项中规定的证明不真实并且将此证据总结后提供给机构所有权人或经营人，则部长可拒绝该机构的申请。

（ⅱ）如果部长认定该机构与（B）小节（ⅲ）（Ⅰ）项的规定不一致并且向机构所有权人或经营人提供一份作出该认定的理由，则部长可拒绝该机构的申请。

（ⅲ）（Ⅰ）如果部长向机构所有权人或经营人提供拒绝该申请的理由，则部长可以拒绝（A）小节（ⅱ）所规定的通知中委派人的选择。拒绝的理由仅关于机构和委派人，可能是委派人不能充分的对要求作出回应，或者部长认为机构和委派人之间有经济利益冲突。

（Ⅱ）如果部长拒绝了医疗器械机构所有权人或经营人选择委派人员的请求，那么所有权人和经营人可向部长递交另一份通知表明选择其他委派人员。（B）小节第（i）（ⅱ）项和本项的第（Ⅰ）小项同样适用于提出补充请求的人，其适用方式和适用程度与（A）小节第（ⅱ）项规定的有关选定委派人员内容相同。

（ⅳ）如果医疗器械机构第（ⅰ）或（ⅱ）项的审查申请被拒绝，或是提出选择第（ⅲ）项规定的委派人员的申请被拒绝，在收到部长通知 30 日内医疗器械机构要求复查，部长应指定人员对申请理由和证据进行复查。复查在机构提出请求之日起 30 日内进行，除非部长和机构同意在其他时间内复查。

（7）（A）根据第（2）条获得委派的人员应在检查过程中记录下其观察到的结果，并将结果告诉医疗器械机构指定的代表，并且说明每一项观察结果。此外，这些委派人员还应准备一份检查报告，检查报告的形式与方式应与部长指定的官员或雇员检查时准备的类似报告一致，必须与国际协调组织的质量体系标准保持一致。部长应决定检查结果的分类。

（B）（A）小节所规定的检查报告至少包括以下内容：受检机构优良生产质量管理规范的责任人姓名、检查日期、检查范围，并且详细说明委派人员观察到的情况，说明与本法相关或者影响本法实施的相关情况，在检查过程中或结束会议上提出所给的意见。

（C）（A）小节规定的检查报告应在同一时间送交至部长和受检机构委派的代表手里，并且时间要控制在检查结束之日起三星期内。送交至部长处的报告应包括此前提供给受检机构代表的书面审查结果。

（D）相关医疗器械机构的雇员或代理在向第（2）条规定的委派人员作陈述和代表时需遵守《美国法典》第 18 篇第 1001 节规定。

（E）委派人员在检查过程中发现机构可能有对公共卫生造成或增加不合理风险的问题时，应立即向部长报告。

（F）为了建立以风险为基础的检查优先权，部长应接受自愿提交的依据国际标准化组织设定的质量体系标准进行分析的审计报告。如果机构的所有权人或经营人选择根据本小节规定向部长提交审计报告，那么该所有权人或经营人应当提交前两年所有的审计报告。

（8）委派人员的工作报酬，应由被委派人员与聘请其从事有关检查服务人员协商决定，由聘请其从事有关检查服务人员支付。

（9）根据本法本小节的任何规定将不会影响部长检查任一医疗器械机构的权利。

（10）（A）在下列情况下，2005 年财政年度及以后的财政年度，医疗器械机构将不会被第（2）条规定的委派人员检查，如果：

（ⅰ）就此前的财政年度（本款以下称为“前一财政年度”）拨给美国食品药品管理局的工资与费用总额而言，部长应当用于检查医疗器械机构的数量少于调整基数后的前一财政年度的数量；并且

（ⅱ）就此前的财政年度之前一年（本款以下称为“前两个财政年度”）拨给食品药品管理局的工资与费用总额而言，部长应当用于检查医疗器械机构的数量少于调整基数后的前两个财政年度的数量。

（B）(i）依据第（ⅱ）项规定，美国总审计署总审计长应决定 2002 财年部长用于食品药品管理局开展器械有关的合规活动数量（此款中称“合规预算”），和部长用于医疗器械检查的预算（此款中称“检查预算”）。

（ⅱ）根据 515 节规定，医疗器械机构的审查是复核审查申请过程的一部分，因此总审计长做第（i）项的决定时，不应将合规预算和检查预算纳入医疗器械机构的检查中。

（ⅲ）总审计长应在 2003 年 3 月 31 日之前完成本款所要求的决定，并向部长和国会提交报告，说明其认定的事实。

（C）本条中：

（ⅰ）“基数”指根据（B）款做出的 2002 财政年度的预算额。

（ⅱ）“调整基数”，就 2003 财政年度而言，指在 2002 年基数的基础上增加 5% 调整后的基数。

（ⅲ）“调整基数”，就 2004 财政年度和此后的财政年度而言，指在 2003 年的基础上增加 5% 调整后的基数。

（11）本小节规定的权利于 2017 年 10 月 1 日截止。

（12）在本小节制定的四年后，总审计长应向众议院能源和贸易委员会，以及参议院卫生、教育、劳动和养老金委员会提交说明以下情况的报告：

（A）委派人员根据本小节所进行检查的数量，联邦政府雇员根据 501 节（h）所进行检查的数量和根据 501 节（i）应当注册的医疗器械机构；

（B）根据本小节提出委派申请的人数以及根据本小节予以委派的

人数；

（C）对委派申请予以拒绝的理由；

（D）部长对受委派人员审计的数量，工作质量，是否履行了本法义务，以及审计的数量是否足以作出前述评估结论；

（E）本小节是否能够保证有足够的医疗器械合规审计信息交给部长，这些信息是否与部长通过联邦政府雇员在检查工作中所获得的信息一致；

（F）本分条是否能够推进允许医疗器械机构凭借第三方对其合规情况进行检查所做的努力；以及

（G）国会是否继续、修改或终止本小节的项目。

（13）部长应在1003小节（g）规定的年度报告中，说明所有委派人员的名单、各自开展的活动以及在本年度被撤销的委派人员名单。

（14）本小节的其他规定对部长根据803节（b）有关规定与外国政府达成的协议没有法律效力。

五、信息公开

FDCA 第 705 节【《美国法典》第 21 篇第 375 条】

（a）部长应随时公布根据本法作出的判决、法令与法院裁定的摘要，包括有关起诉的性质和处理结果。

（b）部长也应公开在其看来食品、药品、医疗器械、烟草制品或化妆品可能存在对健康有紧迫危险、严重欺骗消费者的情况。本节的规定并不意味着禁止部长收集、报告和阐释健康与人类服务部的调查结果。

六、保密信息

FDCA 第 708 节【《美国法典》第 21 篇第 379 条】

（a）合同工

部长可以向部门官员和雇员以外的人提供根据《美国法典》第 5 篇第 552 节（a）小节免于公开的信息，只要部长认定，这些人要求的信息跟部长实施本法的合同相关，并且部长（或部门的官员或雇员）未被禁止使用这些信息。部长可以在提供本节规定的信息时附加条件，如要求信息接收人采取部长按规章制定的安保措施。

（b）接受和保护从外国政府获得的机密信息权利

（1）通则

根据《美国法典》第 5 篇第 552 节和其他法律条款的规定，部长不得公开从外国政府获得的药品信息，如果：

（A）涉及某设施调查或部分调查信息，警示美国可能需要进行调查的可能性，或是涉及某个药品的，对人或动物的健康有可能产生严重的副作用甚至是死亡的信息；

（B）信息在不被公开的情况下自愿地提供给美国政府查看；并且

（C）信息公开与否由部长和外国政府签订的协议决定。

（2）时间限制

第（1）条（C）规定的书面协议应当注明第（1）条中自愿公开信息的时期。当过了协议中所规定的时期，第（1）条不再适用这些信息，但是其他可用的法律条款将继续用于保护这些信息，包括《美国法典》第 5 篇第 552 节，和《公共健康服务法》的第 319L（e）（1）条。如果协议中没有明确时间，则第（1）条适用于此信息的时间不超过 36 个月。

（3）不受影响的公开

本小节不得授权任何官员保留依据美国法庭命令要求公开的信息，或者授权保留国会的信息。

（4）与其他法律之间的关系

为实施《美国法典》第 5 篇第 552 节，根据 552 节（b）（3）（B）条的描述，本小节应被视作一条法令。

（c）达成信息交换理解备忘录的授权

部长可与外国政府达成协议向其提供 301 节（j）规定的以下信息：

（1）证实

只有部长证实此外国政府确有能力且能证明自己有能力保护贸易机密信息免于公开才能与上述政府签订书面协议，向其提供本小节规定的信息。此证明的责任不得委任给除食品药品管理局局长以外的官员或雇员。

（2）书面协议

向外国政府提供本小节规定信息的书面协议应该包含一份外国政府签署的承诺书，该政府应保证信息交换是在信息提供者给出书面同意或者部长依据《公共卫生服务法案》第 319 节跟此信息相关宣布出现公共卫生紧急情况之后，否则将保护本小节规定的交换信息免于公开。

（3）信息交换

在下列情况下，部长可执行第（2）条规定的合同向第（1）条规定的经过认可的政府提供 301 节（j）所指的信息。

（A）与设施检查相关的信息可能要提供给外国政府的，如果：

（ⅰ）部长有理由认定，或是按第（2）条规定的书面协议说明，该政府有获得这些信息的权利；并且

（ⅱ）依据第（2）条执行的书面协议限制信息接收者将该信息用

于公民管理。

（B）如果部长有充分的理由认为一种药可能对人或动物健康造成可能的严重副作用或直接导致死亡，则（A）小节中未提及的信息可以作为调查的一部分提供给外国政府，或是提醒该政府进行潜在检查的必要性。

（4）本小节效力

本小节的任何条款都不得影响部长经其他法律条款授权签订书面协议共享机密信息的能力。

七、推定

FDCA 第 709 节【《美国法典》第 21 篇第 379a 条】

在依据本法实施与医疗器械、烟草制品、食品、药品或化妆品有关要求的活动中，可以推定这些活动与跨州贸易的联系存在。

（一）一体化的监管和实验设施

FDCA 第 710 节【《美国法典》第 21 篇第 379b 条】

（a）权力

部长可美国总务管理局局长协商，对美国食品药品管理和实验设施进行统一的设计、修造和运行。

（b）合同授予

部长应当根据（a）小节的规定向利害方征集合同的建议。在根据该小节授予合同时，部长应当审查这些建议，并对那些对联邦政府来说是成本低、效益高的建议以及允许使用捐献的土地、联邦自有财产或者租购协议的建议给予优先考虑。本小节下的合同，仅在其与联邦政府采购，包括从财政部的借款相比较后，有助于联邦政府节省成本时才能签订。

（c）捐款

在执行本小节规定时，只要部长认为有必要，他有权代表食品药品管理局接受与不动产、建筑物和设施相关的服务、不动产或私人财产的捐赠。

（d）拨款授权

经授权，1991 财年财政部共拨款 1 亿美元，此后财政年度将拨予必要的款项，直到这些款项用完为止。

（二）美国食品药品管理局工作的自动化

FDCA 第 711 节【《美国法典》第 21 篇第 379d 条】

（a）总则

部长应通过食品药品管理局局长的工作，将食品药品管理局的工作实现部分的自动化，以确保本法所规范的检查活动能及时完成。

（b）拨款授权

特此授权每一财政年度拨付必要的款项，以执行本节的规定。

（三）利益冲突

FDCA 第 712 节【《美国法典》第 21 篇第 379d-1 条】

（1）相关定义

（a）咨询委员会，指依据《联邦咨询委员会法》就食品药品管理局的活动向部长提供意见或建议的咨询委员会。

（b）经济利益，指《美国法典》第 18 篇 208 节（a）所规定的经济利益。

（2）咨询委员会成员招聘

（a）总则。部长应当：

（A）制定并且实行程序以有效发掘潜在的咨询委员会成员，如大学、学院、学术研究中心、专业医学协会、患者和消费者团体；

（B）向专业的医疗或科学协会寻求建议，选择最有效的信息进行成员的招聘工作；

（C）至少在每 180 天内，请各利益相关方推荐符合条件的人员入选咨询委员会，可以是——

（ⅰ）产品开发人员、患者群体和某种疾病的组织；以及

（ⅱ）相关的专业协会、医学协会、学术组织和政府组织。

（D）在执行第（A）（B）条时应考虑活动的规模（包括年会的数量）和咨询委员会空缺的数量。

（b）招聘。第（A）条的招聘活动还包括：

（A）在医学和科学会议上宣传加入咨询委员会的方式；

（B）使用现有的电子沟通渠道，将美国食品药品管理局有关咨询委员会的联系方式广而告之；

（C）食品药品管理局能从接受来自国立卫生研究院、卫生质量研究所、疾病预防控制中心或退伍军人健康管理局资金的实体中确定一个可以联系并且为咨询委员会服务和提名的个人。

（c）专业技术。在执行本小节规定时，部长应该确保找到的成员可以提供最先进的专业建议。

（3）决定和证明的公开

尽管有 1978 年的《政府道德法》107 节（a）（2）的规定，以下规定同样适用。

（a）部长应尽可能早但是不能晚于咨询委员会会议的前 15 天［除第（2）条另有规定外］，根据《美国法典》第 18 篇 208 节（b）（1）

或 208 节（b）（3）作出的书面决定或证明，公布在食品药品管理局官网上［除《美国法典》第 5 篇 552 节或 552a 节（即常说的《信息自由法案》和 1974 年的《隐私法案》）规定的免于公开的信息外］：

（A）该决定或证明适用的咨询委员会会员经济利益的类型、性质或大小；和

（B）部长作出该决定或证明的原因，需包括在咨询委员会开会前特殊事件这些会员的专业技能所体现的公众利益。

（b）当部长在咨询委员会会议前 30 天内应知道，依据《美国法典》第 18 篇 208 节（b）（1）或 208 节（b）（3）作出的书面决定或证明中的经济利益，并且部长应在作出该决定或证明后尽快在食品药品管理局官方网站上公布第（1）条的（A）（B）小节中规定的信息（而不是《美国法典》第 5 篇 552 节或 552a 节规定的免于公开的信息），必须早于咨询委员会开会之前。

（4）备案材料

部长应确保每次咨询委员会会议的备案材料或文字记录应包括第 3 小节要求的公开信息（而不是《美国法典》第 5 篇 552 节或 552a 节规定的免于公开的信息）。

（5）年度报告

（a）每年的 2 月 1 日之前，部长应向众议院的拨款委员会和参议院的卫生、教育、劳工和养老金委员会，以及众议院的能源、商

务委员会提交报告，报告应包含以下内容。

（A）在上一年 9 月 30 日结束的财政年度里被提名参加咨询委员会会议的人数，被提名且愿意参加的人数，每个咨询委员会空缺的人数，以及符合《美国法典》第 18 篇 208 节规定，建立联系作为咨询委员会潜在成员却因为经济利益冲突而不符合标准不能参加咨询委员会会议的人数。

（B）该财年，建立联系作为咨询委员会潜在成员却因为除了《美国法典》18 篇 208 节规定的经济利益冲突不符合标准的原因以外，不能参加咨询委员会会议的人数。

（C）该财年每次参加咨询委员会会议的人数。

（D）该财年根据第 4 小节要求的公开信息的总数以及不适宜公开信息的成员个数占咨询委员会会员总数的百分比。

（b）公众可及性。在向上述委员会提交 a 条规定的报告 30 日内，部长应将每份报告都向公众公开。

（6）指导原则的定期回顾

部长应该最少每 5 年进行一次回顾。

（a）食品药品管理局关于咨询委员会有关利益冲突的公开信息和《美国法典》第 18 篇 208 节适用的指导原则。

（b）必要时更新指导原则，确保食品药品管理局能根据 208 节规定以合理的途径获得需要的专业科学技术。

（7）关于公开经济利益或涉及经济利益的指导原则

对依据第（3）小节公开的咨询委员会会员的经济利益和涉及的经济利益如何审查，部长应该发布指导原则。对不满足《美国法典》第18篇208节规定的将视为不合格的利益，则不能参加咨询委员会就某个特定问题而开展的会议。

（四）对美国食品药品管理局员工发表科学文章的审查和删减

FDCA 第 713 节【《美国法典》第 21 篇第 379d-2 条】

（a）定义

在本小节中，“文章”指论文、海报、摘要、书、书中章节或其他发表的作品。

（b）政策

为实施本小节规定，部长通过食品药品管理局局长制定政策并将这些政策以书面形式公开，并且对文章的提交、检查、删除和免责要求进行及时的管理。

（c）提交审查的时间

如果食品药品管理局的官员、雇员以及从事职员活动的人员受到（b）小节制定的政策要求向他的上级或食品药品管理局的其他官员提交文章，在发表或在会议展示之前应由他们对文章进行检查或删减，那么该雇员或官员应在发表或展示日期至少30天前提交。

（d）检查与删减时间

在雇员或官员提交文章后的30天内，上级或者负责检查的人员应当检查该文章或者向文章作者提供一份书面删减说明，解释文章作了哪些特殊变化。

（e）不及时检查

根据（c）小节规定，在文章提交31天后，上级或负责检查的人没有检查或删减文章或提供删减说明，那么默认为文章不需删减，并可以递交附有（b）小节规定的相应免责要求提交，发表或展示。

（f）效力

本节的任何内容都不应影响其他法律条款对文章发表和展示的限制。

（五）精简聘用权力

FDCA 第714节【《美国法典》第21篇第379d-3条】

（a）一般权力

除了其他法律规定的人事权力和《美国法典》第5篇规定的部长在竞争性服务中有任免权外，如果部长认为任命是实现（c）小节中的目标必须的，那么部长可任命雇员在食品药品管理局的职位上执行、管理或支持（b）小节中描述的活动。

（b）所描述的活动

本小节中所描述的活动指：

（1）本法中有关器械申请检查的活动［见 737 节（8）的定义］；和

（2）本法中有关人用仿制药的活动（见 744A 节的定义）。

（c）明确目标

本小节所明确的目标指：

（1）与（b）小节（1）中规定的相关活动，738 节（a）（1）中已明确；

（2）（b）小节（2）中规定的相关活动，744 节 C（a）中已明确。

（d）内部控制

部长应为本节规定的任命建立适当的内部控制机制。

（e）条款废止

本节规定的任命雇员的权力应在本节制定的 3 年后终止。

（六）报告要求

FDCA 第 715 节【《美国法典》第 21 篇第 379d-4 条】

（a）仿制药

从 2013 财年到 2017 财年结束，在每财年结束后 120 日内，根据 C 分章第七部分的要求应收费。部长应向参议院健康、教育、劳工和养老金委员会和众议院的能源、商业委员会提交一份报告。报告应说明符合 505（j）的仿制药补正申请以及上一财年的变更申请。具体内容如下：

（1）在部长写给参议院健康、教育、劳动和养老金委员会主席和众议院能源和商贸协会主席的报告中应阐明申请数量满足 C 分章第 7 部分要求。与并在国会议事录中保持一致；

（2）部长对符合 505 节（j）的仿制药补正申请和上一财年提出申请的变更补充申请所花费的平均总时间，包括食品药品管理局在审查这些申请时花费的天数和申请人对完整的回复信的答复天数；

（3）自《食品药品管理局安全创新法案》颁布后超过 10 个月，部长仍未处理的 505（j）下申请总数、补正申请以及变更补充申请；

（4）食品药品管理局在上一财年对第（3）中描述的申请采取最后的法规行动的申请的数量。

（b）生物仿制药

（1）总则。从2014财政年度开始，在每个财政年度结束后120日内，根据C分章第8部分要求收费。部长应准备并向参议院的健康、教育、劳工和养老金委员会和众议院的能源、商业委员会提交报告，报告应包括：

（A）符合《公共卫生服务法》351（k）的生物仿制药申请数量；

（B）在（A）款规定的所有申请中，部长批准数量所占的百分比。

（2）附加信息。作为第（1）条中描述的业绩报告的一部分，部长应附上一份解释，说明食品药品管理局是如何进行生物制品检查项目，确保依据第2部分[1]规定征收的使用者费用没有被用于检查《公共卫生服务法》351（k）中的申请。

第二节　非处方药的全国统一性规定[2]

一、总则

除了（b）、（c）（1）、（d）、（e）或（f）小节另有规定外，美国任何州或州内其他政府部门都不得提出或继续实施下列要求。

（1）对不受503（b）（1）和503（f）（1）（A）约束的有关药品的管理；

（2）与本法、1970年的《预毒品包装法》（见《美国法典》第15篇1471条及以后条款）或《公平包装或标识法》（见《美国法典》

1　法律原文如此，很可能指的是“C分章的第2部分”

2　FDCA第751节（见《美国法典》第21篇379r）

第 15 篇 1471 条及以后条款）中的要求不同或不一致。

二、豁免

（1）总则。应州或州内政府部门的申请，部长可在下达通知并给予书面或口头形式表达看法的机会后，通过制定规章，在该规章规定的条件满足之后，允许州和州内的政府部门在以下情况下免于（a）小节的规定：

（A）无法通过其他方式保护的重要公众利益，包括儿童健康和安全；

（B）不会导致药品违反联邦法律任何要求或禁令；

（C）不会对跨州贸易施加过多的负担。

（2）及时行动。部长应在州或州内其他政府部门申请的 120 日内对符合第（1）条规定的豁免作出决定。

三、范围

（1）总则。本小节规定不适用于以下情形：

（A）州或州内其他政府部门提出的，与药房实践有关的要求；或

（B）州或州内其他政府部门提出的关于药品管理，仅在获得法律许可的执业医师的处方下才能配售的要求。

（2）安全与疗效。在（a）小节中，与药品管理相关的要求应该

被认为是含有对公共信息或任何与药品警告相关的或其他形式的公共交流有关的要求。

四、例外

（1）总则。当（a）（1）条描述的药品申请并非依据505和507节（在1997年《食品药品现代化法案》生效日之前实施），或部长为明确在哪些情况下，药品才能被视为安全有效且无错误标识而制定规章。（a）条仅在州或州内其他政府部门的要求与下列对同一事物做出的不同（或额外的）规定：

（A）符合（a）（2）小节规定药品相关的法规有效；或

（B）依据《1997年食品药品现代化法案》生效日及以后发布的法规修正案对药品的其他要求。

（2）各州的自主性。本节不适用于1997年9月1日以前各州根据公共倡议或者全民公决所作的要求。

五、对产品责任法无影响

本节的任何规定均不得解释为修订或者改变任何人在各州产品责任法下的行为与责任。

六、州执法机关

本节的任何规定均不妨碍州及州内其他政府部门中民事部门或其他执法机构的强制执行与本法完全一样的要求。

第三节　安全性报告免责声明[1]

任何实体依据本法（和部长发布相关的规定）提交或被要求提交的安全性报告或与产品（包括食品、药品、医疗器械、膳食补充剂或化妆品）安全性相关的信息，其报告或信息不得解释为是部长或该实体认为此产品有功能缺陷，会引起副作用，亦或导致死亡、严重受伤或严重疾病的结论。该实体不需要承认或可以拒绝向部长提交的报告或信息。

第四节　流通各相关实体对非处方药的严重不良事件报告[2]

一、定义

（一）不良反应事件

指使用非处方药出现的与健康相关的不良反应，包括：

（A）因有意或无意过量服药而导致的不良反应事件；

（B）因药品滥用而导致的不良反应事件；

（C）因停药而导致的不良反应事件；和

1　见《联邦食品药品和化妆品法案》第七章 G 分章第 756 节（见《美国法典》第 21 篇 379v）

2　见《联邦食品药品和化妆品法案》第七章 H 分章，即 FDCA 第 760 节（《美国法典》第 21 篇 379aa）

（D）因药品可预测的药理作用失败而导致的不良反应事件。

（二）非处方药

为了达到自我诊断、自我治疗、自我保健的目的，无需医师处方，可在药店中自行购买，能自我阅读药品说明书上有关用药方法，并能正确使用具有安全性、有效性的药品。

（三）严重不良事件

"严重不良事件"指下列不良事件——

（A）导致：

（ⅰ）死亡；
（ⅱ）生命垂危；
（ⅲ）住院；
（ⅳ）持久性严重伤残或失去某种功能；
（ⅴ）先天性畸形或出生缺陷；或

（B）在合理的医学判断基础之上，需要医疗或手术干预（A）小节描述的结果的。

（四）严重不良事件报告

"严重不良事件报告"是指根据第二部分规定的要求提交给部长的报告。

二、报告要求

（一）总则

名字出现在于美国市售非处方药标签上［依据 502 节（b）（1）］的生产商、包装商和分销商（本节称“负责人”）均应向部长提交该药品在美国使用时出现的严重不良事件的报告，并且附上该药品零售包装内外的标签复印件。

（二）零售商

作为分销商依据第（一）条名字出现在标签上的零售商可通过协议授权非处方药的生产商和包装商的方式向部长提交该药的报告，只要零售商将通过 502 节（x）中描述的地址和电话号码收到的该药所致不良事件转述给上述的生产商和包装商即可。

三、报告提交

（一）报告提交时间

负责人应在通过 502 节（x）描述的地址和电话号码收到不良事件报告的 15 个工作日内向部长提交严重不良事件的报告。

（二）新医学信息

负责人应在首次提交报告的一年内收集与该药严重不良事件报告相关的新医学信息，在收到信息的 15 个工作日内，提交给部长。

（三）报告的合并

部长应建立一套系统确保将严重不良事件副本和与之相关的新医学信息整合在一个报告里。

（四）豁免

部长在下达通知并向利益相关方提供了评论机会后，如果认为豁免对公共健康无不良影响，那么可免除第（一）条和第（二）条的要求。

四、报告内容

本节所规定提交的非处方药严重不良事件报告都应按 MedWatch 表格式提交给部长，以便修改，并附上其他必要信息。

五、记录的保存与检查

（一）保存

负责人应保存其收到的严重不良事件报告相关的记录 6 年。

（二）记录的检查

1. 总则。负责人应允许被授权的人在 704 节规定的检查期间内查看本节要求保存的记录。

2. 被授权人。在本条中，“被授权人”指健康与人类服务部里具有以下资质的官员或者雇员：

（1）部长认定有合格的文凭的人和

（2）由部长指定并根据本节规定有能力接触到记录的人。

六、被保护信息

根据本节规定提交给部长的严重不良事件报告，包括第三条第（二）点规定的新医学信息，或自愿提交给部长的不良事件报告都应被视为：

（一）《联邦食品药品和化妆品法案》第756节规定的安全报告，且需附有声明，表明该报告作为信息公开而发布，是报告的一部分，否认报告或记录涉及、导致或造成或部分造成不良事件；

（二）《美国法典》（通常指《信息自由法案》）第5篇552a条规定的记录和一份医学或类似报告，它的公开将违反第5篇的552节的规定（通常指《信息自由法案》），并且在个人身份信息被编辑之前不得公开。

七、解释原则

依据本节规定提交的任何不良事件报告都不得解释为该非处方药导致或部分导致不良事件。

八、优先适用

（一）总则

任何州或当地政府不得建立或继续使用与非处方药不良事件报告系统相关的，或是与本节内容不同、互补或相同的法律、法规、指令和其他要求。

（二）本节效力

1. 总则

依据部长与美国各州、属地或其他政府部门达成的谅解备忘录，本小节的任何规定不得影响部长向各州、属地或是其他政府部门的卫生、食品或药品管理局官员或雇员提交不良事件报告的权力。

2. 个人身份信息

虽本法另有规定，部长向卫生、食品或药品管理局官员或州、属地或是其他政府部门雇员，提交的不良反应报告中的个人身份信息，不应：

（1）依据州或其他法律对信息或记录要求公开而将个人身份信息公开；或

（2）没有部长或向部长提交信息的人的书面同意而将信息公开或透漏给其他方。

3. 安全性报告的使用

本节规定州、属地、或州和属地的政府部门必须以 756 节或第七条（解释原则）规定的方式使用从部长处收到的安全性报告。

九、拨款授权

用于实施本节规定所需的拨款已授权。

第二章 药品流通的基本要求

第一节 药品流通供应链的定义及监管要求[1]

一、药品流通供应链相关定义

现代管理教育认为，供应链是指“通过对商流、信息流、物流、资金流的控制，在产品生产和流通过程中，涉及从采购原材料开始到制成中间产品及最终产品，最后由销售网络把产品送到消费者手中所有环节，由供应商、生产商、分销商、药房、最终用户等所连接成的整体功能网链结构”。从这个定义出发，药品流通供应链是指在提供药品满足患者需求过程中涉及的所有环节，包括药品生产商、批发分销商、药房、分包商、医院、药店等，以及这些环节中的商流、信息流、药品流和资金流。

---

1 本节内容来源于《药品供应链安全法案》(Drug Supply Chain Security Act,DSCSA)。DSCSA是美国于2013年11月27日颁布生效的《药品质量与安全法案》(Drug Quality & Security Act,DQSA)的第二部分[第一部分为《配制质量法案》(The Compounding Quality Act)]。DSCSA主要包括产品追溯、批发分销商及第三方物流供应商许可与标准两大部分内容。同时，DSCSA增补至《联邦食品药品和化妆品法案》(FDC&A)H分章（即“药品流通供应链”)，分为第581~585节增补进H分章

与药品流通供应链相关的定义主要包括：

（1）关联公司——指某企业单位与另一企业单位有直接或间接关系，如：

（A）一方企业单位控制或有权控制另一方企业单位；

（B）第三方控制或有权控制两方的企业单位。

（2）授权——“授权”指

（A）生产商或分包商须依照法案第 510 节规定获得有效注册；

（B）批发商须依照法案第 582 节（a）（6）规定，以及遵守《药物供应链安全法案》修订的第 503 节（e）部分相应注册报告要求，获得符合州法或法案第 583 节规定的有效执照；

（C）第三方物流供应商须依照法案第 582 节（a）（7）的规定，遵守法案 584（b）规定的注册报告要求，获得符合州法或法案第 584 节（a）（1）的有效执照,。

（D）药房须持符合州法规定的合法执照。

（3）药房——“药房”包括

（A）零售药房、医院药房、共同所有权控制下的非批发分销商性质的连锁药店，或者法律授权的具有处方药调配资格的个人，以及共同所有权控制下的非批发分销商性质的、附属这些企业实体的药品仓库和药品分销中心。

（B）依照法案第 512 节（a）（5）的规定，本书所指的药房不包括仅调配兽药的个人。

（4）处置——对某一拥有或控制产品权限的企业单位而言，处置指从药品流通供应链中移除该产品。该过程可能包括产品清理、产品退货、其他适当的处理措施，如保留样品以供生产商、监管机构或执法机构作进一步物理检验或实验室分析。

（5）分销——指销售、购买、贸易、递送、处理、储存或接收产品，但不包括法案第 503 节（b）（1）规定的处方配药行为或法案第 512 节（b）批准的配药行为。

（6）独家经销商——指经销商直接从生产商处采购产品，且其对下一级的分包商、批发分销商或药房而言是该产品的唯一经销商。

（7）同质箱——指装有同一批次、同一国家药品编码产品的密封箱。

（8）非法产品——指有可靠证据证明有以下情况的产品：

（A）被仿冒、转移或盗窃的；

（B）故意掺假导致产品可能危害人类健康甚至引起死亡的；

（C）涉及欺诈性交易的；或

（D）产品不适宜分销的，否则将极可能危害人类健康甚至引起死亡的。

（9）执业的——指

（A）批发分销商持有符合法案第 503 节（e）或 582 节（a)（6）规定的有效执照；

（B）第三方物流供应商持有符合法案第 584 节（a）或者 582 节（a)（7）部分规定的有效执照；

（C）药房持有符合州法的有效执照。

（10）生产商——某产品的生产商指：

（A）持有根据法案第 505 节规定获批的申请或依照《公共卫生服务法》第 351 节的有效执照的人；如产品不是获批申请或执照的主体，这里的“人”即为产品生产商；

（B）与（A）款所述个人共同持有执照的合伙人，合伙人可通过本款、（A）款或（C）款所述个人直接获得产品；

（C）为（A）款、（B）款所述个人之关联公司，其可直接从（A）款或（B）款所述个人处接收产品。

（11）包装——

（A）总则。指在分销过程中，生产商和分包商拟将其拆分成最小可独立出售的单位。

（B）可独立出售单位——指在流通环节中，生产商和分包商拟将其拆分形成的最小包装单位。

（12）处方药——以下三类药品必须作为处方药：

（A）具有成瘾性的药物；

（B）因其毒性或其他潜在的伤害，以及使用方法或使用时要求的辅助措施，如果没有依法获准资格的医护人员的监督，使用该药时不安全的；

（C）由于 FDCA 第 355 节对获准申请的限制，必须在依法获准资格的医护人员的专业监督下使用。

（13）产品——指不需要进一步加工即可用于患者的有固定剂型的处方药（如胶囊剂、片剂和重构前的冻干剂）。但根据法案第 582 节所述，“产品”不包括以下：

用于输血的全血或成分血；
美国核管理委员会监管的，或符合《美国原子能法》第 274 款(《美国法典》第 42 篇第 2021 节）规定之州委员会监管下的放射性药物或放射性生物制品［见《美国联邦法规》第 21 卷第 600 节 3（ee）］；

造影药物；

本节第 24 条 B 项第 xiv、xv 或 xvi 款所述的静脉注射产品；

医用气体（见法案第 575 节）；

在本法案指导下上市的顺势疗法药物；或

依照法案第 503A 节或 503B 节规定合成的药物。

（14）产品识别码——指同时包含人类可读取形式及机器可读取数据载体的标准化图形，该类图形遵循公认国际标准研制单位建立的一套标准，如标准化数字标识符、批号和生产日期。

（15）待验——指避免产品分销或转移，在储存或检测时为将其分别存放于具有明显标识的独立区域或其他手段。

（16）分包商——指拥有或运营从事分包装或重贴标识物公司的个人，分包装目的包括：

（A）进一步销售；

（B）跳过进一步交易直接进行分销。

（17）退货——指向售卖或分销产品的授权直接贸易伙伴退还该产品，或交由退货处理商或逆向物流供应商处理该类产品。

（18）退货处理商或逆向物流供应商——处置授权贸易伙伴退还的可售或不可售产品公司的所有人或经营人，其产品经处理后或归由采购商、生产商、销售方，或不再流入分销环节。

（19）特定患者的需求——指为给特定患者配药而在药房间发生的产品转移。因潜在需求预先补充库存而发生的药房间产品转移不在此范畴。

（20）标准化数字识别码——指用于唯一区别包装产品或同质箱的一组数字或符号。标准化数字标识符由与具体产品（包括特殊包装产品）相应的国家药品编码以及唯一的字母数字序列号（符号长度达 20 位）两部分组成。

（21）可疑产品——指包含以下迹象的产品：

（A）可能存在仿冒、转移或盗窃；

（B）可能存在故意掺假导致产品可能危害人的健康甚至引起死亡；

（C）可能涉及欺诈性交易；

（D）产品不适宜分销的，否则将极可能危害人类的健康甚至引起死亡。

（22）第三方物流供应商——指代表产品的生产商、批发分销商或分销商为州际产品贸易提供、协调仓储或者其他物流服务，但无产品所有权，亦无指导产品销售或处置责任的企业实体。

（23）贸易伙伴关系——包括

（A）生产商、分包商、批发分销商或药房从其他生产商、分包商、批发分销商或药房处直接获得产品所有权，或直接将产品所有权转移给其他生产商、分包商、批发分销商或分销商；

（B）第三方物流供应商从生产商、分包商、批发分销商或药房处直接获得产品所有权，或直接将产品所有权转移给其他生产商、分包商、批发分销商或药房。

（24）交易——

（A）总则，除特殊情况外，指产品及其所有权在个体间转移。

（B）但以下情况除外：

（ⅰ）关联公司间或生产商内部各公司间产品的配送（intra company distribution）；

（ⅱ）医院间或同一管控权下的医疗卫生机构间的产品调拨（distribution）；

（ⅲ）突发医疗状况（包括符合《公共卫生服务法》第 319 节所指的突发公共卫生事件）下的产品（紧急）调配，非突发公共卫生事件引起的药品短缺除外；

（ⅳ）依照法案第 503 节（b）（1）执行的处方配药行为；

（ⅴ）生产商或批发分销商依照法案第 503 节（d）执行的产品样品配送行为；

（ⅵ）输血用全血或成分血的配送；

（ⅶ）授权零售药店为执业医师分发用于办公的最低限度量产品；

（ⅷ）符合《1986 年美国国内收入法典》第 501 节（c）（3）所述的慈善机构，其向该机构的非盈利关联公司销售、采购、交易药品的行为、提议或法律允许的行为；

（ⅸ）依照下属情况的产品配送行为：药房、连锁药房、批发分销商或批发组织出售或合并，除须保留的产品记录外，均须转移至新药房、连锁药房、批发分销商或批发组织所有人名下；

（ⅹ）依照第 512 节（c）执行的配药行为；

（xi）转移自或来源于经美国核管理委员会或遵循《美国原子能法》第 274 节（《美国法典》第 42 卷第 2021 节）的州委员会授权机构的产品；

（xii）不受法案第 505 节管制的或无需《公共卫生服务法》第 351 节许可的组合产品，即

（Ⅰ）包含一种器械及一种或多种管制组分的产品（如药物 / 器械、生物制品 / 器械、药物 / 器械 / 生物制品），其组分通过物理途径、化学途径或其他途径组成单一个体；

（Ⅱ）有两种或以上不同产品一起封装或作为整体组成的药物 / 器械或生物制品 / 器械；

（Ⅲ）两种及以上医疗器械成品加上一种及以上药物或生物制品一起封装，组成如下第（xiii）条所述的方便诊疗箱。

（xiii）一组可包含药物或生物制品的医疗器械成品，为方便购买者或使用者，按标准严格装配在工具箱内（本款将其称为“便利医疗箱”）；其前提为

（Ⅰ）装配便利医疗箱的公司已依照法案第510节（b）（2）的要求在美国食品药品管理局下注册为器械生产商；

（Ⅱ）便利医疗箱不含在《1970年综合药物滥用预防和控制法案》目录下的管制药物；

（Ⅲ）便利医疗箱如含有某一种医疗产品，其生产商须

（aa）从制药厂商或直接从制药厂商处获得产品的批发分销商处直接采购产品；

（bb）从生产商或批发分销商处采购后，不变更产品的一级包装或标识物；

（Ⅳ）便利医疗箱如含有某一种医疗产品，该医疗产品须是

（aa）用于补充流体电解质的静注溶液；

（bb）用于维持人体水和矿物质平衡的产品；

（cc）用于冲洗或浸泡的产品；

（dd）麻醉剂；

（ee）抗凝剂；

（ff）升压药；

（gg）拟交感神经药；

（xiv）配送依其剂型用于补充流体电解质（如钠、氯和钾）或卡路里（如葡萄糖和氨基酸）的静注产品；

（xv）配送用于维持体内水和矿物质平衡的静注产品，如透析液；

（xvi）配送用于冲洗的产品或者冲洗、注射用无菌水；

（xvii）配送医用气体（见法案第575节）；

（xviii）分销任何依照《公共卫生服务法》第351节获得授权且符合法案201（h）对器械定义的产品。

（25）交易历史——指包含所有流向产品生产商的前期产品交易信息的纸质或电子版声明。

（26）交易信息指——

（A）产品的所有权或既定商品名；

（B）产品的效价强度及剂型；

（C）产品的国家药品编码；

（D）容器规格；

（E）容器数量；

（F）产品批号；

（G）交易日期；

（H）运送日期（交易后超过 24 小时）；

（I）原产品所有者的公司名称及地址；

（J）现产品所有者的公司名称及地址。

（27）交易声明——指企业个体在交易中转移所有权的纸质或电子版声明。交易须符合以下条件：

（A）依照《药物供应链安全法案》获得授权；

（B）产品提供者依照《药物供应链安全法案》获得授权；

（C）依照法案第 582 节，须从上一个产品所有者处获得交易信息和交易声明。

（D）不故意运送可疑或非法产品；

（E）依照法案第 582 节对检验的要求，具备相关的体系和过程；

（F）不故意提供虚假交易信息；

（G）不故意篡改交易历史。

（28）验证或核实——指查明贴附或印刻在外包装或同质箱上的产品标识符是否依照法案第 582 节的规定，与生产商或分包商指定的标准化数字识别码、批次编码和有效期一致。

（29）批发分销商——指从事批发行业［见法案第 503 节（e）（4），由《药物供应链安全法案》所修订］的个人（不包括生产商、生产商合作伙伴、第三方物流供应商或分包商）。需要按照本法第 503 节（e）（2）（A）取得执照方可在美国境内进行处方批发与经销，但不包括根据本法第 801 节（d）（1）经授权的进口商。

二、药品流通供应链的基本要求[1]

在美国的药品流通供应链条中，主要的利益相关者包括联邦和州相关官员、药品生产商、分包商、批发分销商、药房、医疗卫生机构、药店以及其他药品供应链利益相关者。本部分主要介绍美国联邦法律对药品流通供应链中关键利益相关者的基本要求。

（a）总则

（1）其他行动（other activities）——所有生产商、分包商、批发分销商和药房应依本节规定，遵守其在产品交易中充当角色的要求。若某企业实体拥有上述两种或以上角色，则该企业实体须符

[1] 即《美国法典》第 21 卷第 360 节 eee—1 部分，《联邦食品药品和化妆品法案》（FDC&A）H 分章“第 582 节 要求”

合其角色的所有要求，但标准不叠加。

（2）初始标准（initialsandards）——

（A）总则。部长应与其他相应联邦官员、生产商、分包商、批发分销商、药房和其他药品供应链利益相关者协商，依照本小节及（b）（c）（d）（e）五小节发布指导性文件草案，以制定关于纸质或电子版交易信息、交易历史、交易声明的可互操作交换标准。在制定标准时，部长应将标准化文件制定的可行性纳入考虑范围，考虑药品流通供应链的成员将产品交易信息、交易历史和交易声明转让给下一级购买方，同时为批次等级信息便利交流提供可行性标准。依照本条规定制定的标准应考虑法案第 505D 节的标准制定要求，且应采用国际标准化组织认可的格式。

（B）公共投入。在依照（A）款起草的指导性文件发布前，部长应从利益相关方处收集公众评论信息并在公共诉讼事件表上保留至少 60 天。

（C）发布。部长应在《药物供应链安全法案》颁布 1 年内，公开发布依照第（A）款制定的标准。

（3）弃权、特例和豁免——

（A）总则。《药物供应链安全法案》颁布后两年内，部长应按照指示完成以下工作：

（ⅰ）制定弃权申诉过程，以供授权的生产商、分包商、批发分销商或药房请求放弃本节所述的要求。部长若判定该要求可能造成过高经济损失或突发医疗状况（包括《公共卫生服务法》第 319 节所述的突发公共卫生事件声明），请求则可能获批；

（ⅱ）制定供健康与人类服务部部长界定特例情况的程序，以及供生产商或分包商申请特例情况的程序。在与产品标识符相关的情况下，若容器因规格太小或其他情况无法贴上包括所有本节要求信息的标识物时，可界定为特例情况；

（ⅲ）制定豁免程序以供部长界定应从本节要求中豁免的产品或交易。

（B）内容。依照（A）款发布的指导性文件应包含两年一次的评审程序以及根据实际情况更新弃权、特例情况和豁免信息这些内容。

（C）程序。按照本款之要求发布指导性文件时，健康与人类服务部部长应在生产商于包装或同质箱上粘贴或印上产品标识符并将产品引入市场之前，至少不迟于 180 天提供指南文件的生效期。

（4）自执行要求——除在其他方面有具体说明，本节要求不需健康与人类服务部部长进一步规定或指示即可执行。

（5）追溯产品——

（A）产品识别码。在《药物供应链安全法案》颁布后两年内，部长应完成指导性文件，说明何种产品在何种情况下，在本节相关要求生效后，药品流通供应链中的药品无产品标识符仍可得到豁免。

（B）追踪。对于 2015 年 1 月 1 日前进入药品流通供应链的产品：

（ⅰ）依照（b）（1）（A）（i）、（c）（1）（A）（ⅱ）、（d）（1）（A）（ⅱ）和（e）（1）（A）（ⅱ）小节，授权的贸易伙伴应豁免提供交易信息；

（ⅱ）本节要求提供的交易历史应由产品所有者从 2015 年 1 月 1 日开始记录；

（ⅲ）该类产品的所有者应免于提供与前产品所有者的交易信息和交易声明收据。

（6）批发分销商授权——虽然法案第 581 节（9）（A）有规定，依照第 583 节规定，自批发分销商授权条例生效期起，对处方药批发分销商的授权应指批发分销商按照州法持有合法证件。

（7）第三方物流供应商授权——依照法案第 584 节规定，自第三方物流供应商授权条例生效期起，第三方物流供应商应依照法案第 581 节（9）（B）规定获得授权，除非健康与人类服务部部长查获第三方物流供应商存在操作、分销和通告不规范的行为。

（8）标识物变更——依照《联邦法规》第 21 章第 314.70（d）节（或其他后续法规），单为合并产品识别码而做的标识物更改可以公司年度报告的形式呈递给部长。

（9）产品识别码——本分章中关于产品识别码的要求：

（A）除非依照指导性文件获得部长许可，通过使用可替代或补充（i）和（ⅱ）条款中所述技术的数字科技，适用的数据

（ⅰ）应包含于二维数据矩阵条形码中（当标识符贴或印在包装上）；

（ⅱ）应包含于二维数据矩阵条形码或线形条码中（当标识符贴或印在同种箱上）；

（B）产品识别码的检验可采用人类可读或机器可读手段。

（b）对制造商的要求

对药品生产商而言，其在药品流通过程中承担产品追溯的主体责任，FDA 对于药品生产商在产品跟踪、产品标识、对非法产品和退还产品的处置、建立和操作电子数据库等环节的具体要求如下。

（1）产品跟踪

（A）总则。自 2015 年 1 月 1 日前开始，生产商应：

（ⅰ）在生产商转移产品所有权之前或当时，向下一任所有人提供电子版或纸质版（单页独立文件）的交易历史、交易信息和交易声明；

（ⅱ）获取所有交易中涉及的交易信息（包括批次层次信息）、交易声明并在交易后保存该信息、记录和声明至少 6 年。

（B）信息请求。应部长或者其他联邦、州政府相关官员之要求，出于召回或者调查可疑或非法产品的目的，生产商应在收到申请后不迟于 1 个工作日且不超过 48 小时内，或者在健康与人类服务部部长规定的适当时间内根据申请的要求提供交易信息、交易历史和交易声明。

（C）电子格式

（ⅰ）总则。《药物供应链安全法案》颁布4年内（除条款（ⅱ）所述情况外），生产商应依照第（A）（i）条款要求提供电子格式的交易信息、交易历史和交易声明。

（ⅱ）例外。生产商可能依照第（A）（i）款继续向以下对象提供纸质版交易信息、交易历史和交易声明：按照州法具备处方权的执业医师；其他在执业医师（通过正常程序开方者）监管或指导下获得授权的个人。

（2）产品标识

（A）总则。《药物供应链安全法案》颁布四年内，生产商应在即将交易的产品外包装或同质箱外贴上或印上产品识别码。该生产商在交易后应保存产品识别码信息至少6年。

（B）例外。需要具备标准化数字标识符的产品不需具有唯一的设备标识符。

（3）授权贸易伙伴——自2015年1月1日起，生产商的贸易伙伴只可能是唯一授权贸易伙伴。

（4）检验——最迟自2015年1月1日起，生产商应具有满足以下要求的适当体系：

（A）可疑产品

（ⅰ）总则。确定生产商拥有或控制的产品为可疑产品，或部长确定其为可疑产品并发出检验请求后，生产商应该

（Ⅰ）在生产商拥有或控制范围内将该产品与其他将进入分销过程的产品隔离，直到产品嫌疑消除或适当处置；和

（Ⅱ）根据具体情况，立即与贸易伙伴协作进行调查，以确定该产品是否为非法产品。调查应包括确认生产商拥有的所有适用的交易历史和交易信息，还应包括进行相关调查以确定该产品是否为非法产品。另外，在《药物供应链安全法案》颁布 4 年后须从包装级别核实产品（包括标准化数字标识符）。

（ⅱ）消除嫌疑的产品。如果生产商确定可疑产品为合法产品，则生产商应视具体情况尽快通知部长此决定，以使该产品可以继续分销。

（ⅲ）记录。生产商应保存可疑产品的调查记录不少于 6 年（从产生调查结果之日起）。

（B）非法产品

（ⅰ）总则。生产商拥有或控制的产品被确定为非法产品后，生产商应依照一定的体系和程序

（Ⅰ）在生产商持有或控制下将该产品与将进入分销过程的产品隔离，直到非法产品得到适当处置；

（Ⅱ）在生产商持有或控制下处置非法产品；

（Ⅲ）在生产商持有或控制范围外，采用合理的措施协助贸易伙伴处置非法产品；

（Ⅳ）依照部长（或其他相关的联邦、州政府官员）的要求，恰当保留产品样品以供生产商或健康与人类服务部部长（或其他相关的联邦、州政府官员）做进一步物理检验或实验室分析；

（ⅱ）通报。

（Ⅰ）非法产品。确定生产商拥有或控制的产品为非法产品后，生产商应通知部长以及所有可能接收到该批产品的直接贸易伙伴。通告应在不合法性确认后 24 小时内发出。

（Ⅱ）非法产品的高风险。生产商应通知部长以及可能持有或据传持有该批非法产品的直接贸易伙伴，时限为确认或被部长、贸易伙伴通告产品存在不合法风险后 24 小时内。本条款所称的“高风险”可能包括：增加非法产品进入药品流通供应链的可能性的具体风险；其他由部长依照第（h）小节界定的高风险。

（ⅲ）通告回应。从部长或贸易伙伴处收到通告，告知产品被认定不合法后，生产商应依照通告识别其持有或控制的所有非法产品，包括后来接收的所有非法产品，并依照第（A）款采取适当行动。

（ⅳ）通告终止。生产商在与部长协商下，确定不再需要通告后，应依照（ⅱ）条款的规定立即通知直接合作伙伴通告终止一事。

（v）记录。非法产品的处置结果发布后，生产商应将处置记录保存至少 6 年。

（C）核实要求。《药物供应链安全法案》颁布 4 年后，生产商从持有或控制产品且认定产品为其制造的授权分包商、批发分销商或分销商处收到核实申请时，应依照申请情况在 24 小时内，或在部长规定的合理时间内通知申请者，告知其申请中包含的产品识别码（包括标准化数字识别码）是否与生产商贴或印在产品上的识别码一致。如果申请核实的产品标识符与生产商贴或印在产品上的识别码不一致，生产商应视该批产品为可疑产品并依照（A）条款进行调查。如生产商有理由相信该批产品为非法产品，则生产商应建议申请者在收到生产商答复时根据生产商意见提出申请。

（D）电子数据库。生产商应依照本条要求建立安全的电子数据库，或运用另一企业个体建立或操作的安全数据库。数据库所有者应制定要求和过程以回应申请，还应向药品流通供应链其他成员提供适当的数据访问。依照本条要求建立和操作数据库并非为了使生产商免于回应，生产商仍需以其他方式回复已递交的核查申请。

（E）可售的退还产品。《药物供应链安全法案》颁布 4 年后［除第（a）（5）小节］，当生产商收到被退还产品并欲将其继续分销时，应先核查密封同质箱的产品识别码（包括标准化数字识别码）。若产品非密封同质箱封装，则核查每一包装上的产品识别码（包括标准化数字识别码）。

（F）不可售的退还产品。生产商可将不可售产品退还给原生产商、分包商、原售卖该产品的批发分销商或代表以上角色的中间人（包括退货处理者），但退还时未附带第（1）（A）（i）条所要求的产品信息。

（c）批发分销商的要求

对药品批发分销商而言，其在药品流通过程中须承担产品追溯的重要责任，应追溯要求提供交易历史、交易信息和交易声明等追溯证明材料。同药品生产商一样，FDA 对于批发分销商在产品追踪，产品标识，对非法产品、可疑产品和退还产品的处置，建立和操作电子数据库等环节的具体要求如下。

（1）产品追踪

（A）总则。最迟自 2015 年 1 月 1 日起，批发分销商应达到以下要求：

（ⅰ）除非前产品所有者在交易前或在交易时依照本款要求，提供产品交易历史、交易信息和交易声明，否则批发分销商不应接收产品、获得所有权。

（ⅱ）（Ⅰ）（aa）如批发分销商从生产商、生产商指定的独家经销商、生产商直接售卖的分包商处直接购买产品，则在批发分销商每一笔转移产品所有权的交易前或交易时，批发分销商应向后续购买者提供以下条目：

（AA）交易声明。交易声明应说明产品由该批发分销商或该批发分销商的关联公司从生产商、生产商指定的独家经销商、生产商直接售卖的分包商处直接购买；

（BB）依照第（Ⅱ）分条款，提供交易历史和交易信息。

（bb）批发分销商应依照（aa）条目提供交易历史、交易信息和交易声明。

（AA）若对象为药房，则应在单张独立文件上或以电子版形式提供交易历史、交易信息和交易声明；

（BB）若对象为批发分销商，信息可以内部纸质版、电子版或二者混合形式提供，或者由生产商将信息提供在产品外包装上。

（Ⅱ）在第（Ⅰ）分条款所述的“交易”中，交易历史和交易信息不要求提供产品批号、首次交易日期或生产商首次装运日期［见法案第581（26）节（F）（G）（H）款］。

（ⅲ）若批发分销商未依照（ⅱ）条款从生产商、生产商指定的独家经销商、生产商直接售卖的分包商处直接购买产品，则在每笔交易、后续交易前或交易时，批发分销商须依照遵循第（a）（2）小节要求的指导性文件，对后续购买者提供纸质版或电子版交易声明、交易历史和交易信息。

（ⅳ）条款（ⅲ）所称交易历史应始于条款（ⅱ）（Ⅰ）所述的批发分销商，但条款（ⅲ）所述的批发分销商从条款（ⅱ）（Ⅰ）所述的批发分销商处接收直接购买，声明应告知后续购买者。

（ⅴ）批发分销商应

（Ⅰ）对条款（i）（ⅱ）（ⅲ）所述的所有交易，获取符合本节要求的交易信息（包括批次层面的信息）、交易历史和交易声明，且自交易日起保存该信息、历史和声明至少6年；

（Ⅱ）对产品交易信息（包括符合本节要求的批次层面的信息）、交易历史、交易声明保密，不对除部长或其他相关联邦或州政府官员之外的人透露信息，除非根据具体情况，符合条款（ⅱ）和条款（ⅲ）且符合（D）款所述的协议。

（B）退货。

（ⅰ）可售的退货产品。尽管有第（A）（i）款的规定，下列规定应予适用：

（Ⅰ）要求。自《药物供应链安全法案》颁布之日起6年后［除第（a）（5）小节所述的情况外］，根据缔约双方之间协议的条款和条件，批发分销商可接受药房或分包商的退货产品。并且，尽管有第（A）（ⅱ）款的规定，批发分销商可在不提供交易历史的情况下批发这些退货产品。

对于返回后的交易，该产品的交易历史应符合本小节的要求，从接受退货产品的批发分销商开始。

（Ⅱ）增强要求。自《药物供应链安全法案》颁布之日起6年后［除第（a）（5）小节所述情况外］，只有在批发分销商能将退货产品与该产品相关的交易信息和交易声明联系起来时，批发分销商才可接受药房或分包商的退还产品。在《药物供应链安全法案》颁布6年后的所有交易，此类产品的交易历史（如适用）应从接受和核查退货产品的批发分销商开始。如果获得交易日期不合理且不可行，则本款涉及的交易信息和交易历史（如适用）无需包括交易日期。

（ⅱ）不可售的退货产品。批发分销商可将不可售的产品退还给生产商或分包商、出售该产品的批发分销商，或代表这些组织的个人，包括没有提供第（A）（i）款所需信息的退货处理人。

（C）信息请求。根据部长或其他有关联邦或州政府官员的请求，在召回或调查可疑产品或非法产品时，批发分销商应在收到请求后不迟于1个工作日且不超过48小时，或由健康与人类服务部部长确定的其他合理期限内，根据请求的情况，提供产品适用的交易信息、交易历史和交易声明。

（D）贸易伙伴协议。自《药物供应链安全法案》颁布之日起6年后，根据批发分销商和后续购买者之间的书面协议，批发分销商可向该产品的后续购买者公开交易信息，包括产品的批次水平信息、交易历史或交易声明。本款中任何规定均不得解释为限制第（A）到第（C）款的适用性。

（2）产品标识——自《药物供应链安全法案》颁布之日起6年后，只有当此类产品用产品标识符编码［除第（a）（5）小节所述情况外］，批发分销商才可从事涉及产品的交易。

（3）授权的贸易伙伴——最迟自2015年1月1日起，批发分销商的贸易伙伴只可以是授权的贸易伙伴。

（4）核查——最迟自2015年1月1日起，批发分销商应建立相关的系统以使批发分销商符合以下要求：

（A）可疑产品

（ⅰ）总则。确定批发分销商拥有或控制的产品为可疑产品，或部长确定批发分销商拥有或控制内的产品为可疑产品并发出核查请求后，批发分销商应

（Ⅰ）将批发分销商拥有或控制范围内的该产品与将进入分销过程的产品隔离，直到该产品嫌疑消除或得到适当处置；和

（Ⅱ）根据具体情况，立即与贸易伙伴协作进行调查，以确定该产品是否为非法产品。调查应包括确认批发分销商拥有的所有适用的交易历史和交易信息，还应包括进行相关调查以确定该产品是否为非法产品。另外，自《药物供应链安全法案》颁布之日起6年后［除第（a）（5）小节所述的情况外］，须从包装级别核实产品（包括标准化数字识别码）。

（ⅱ）可疑性消除。如果批发分销商确定产品的可疑性消除，系合法产品，则批发分销商应视具体情况尽快通知部长此决定，以使该产品可以继续分销。

（ⅲ）记录。批发分销商应保存可疑产品的调查记录至少6年（从产生调查结果之日算起）。

（B）非法产品

（ⅰ）总则。批发分销商与生产商协作，确定批发分销商拥有或

控制的产品为非法产品后，应采取符合该类批发分销商系统和流程的方式：

（Ⅰ）将批发分销商拥有或控制范围内的该产品与将进入分销过程的产品隔离，直到该产品得到适当处置；

（Ⅱ）对批发分销商拥有或控制范围内非法产品的进行处置；

（Ⅲ）采取合理和适当的措施以协助贸易伙伴处置不在批发分销商拥有或控制范围内的非法产品；以及

（Ⅳ）在必要和适当的情况下，应生产商或部长（或其他有关联邦或州政府官员）的要求，保留产品样品以供生产商或部长（或其他有关联邦或州政府官员）做进一步物理检验或实验室分析；

（ⅱ）通知。确定批发分销商拥有或控制的产品为非法产品后，在此通知发出后不迟于 24 小时，批发分销商应通知部长和所有批发分销商认为可能收到此类非法产品通知的直接贸易伙伴。

（ⅲ）通知回应。在收到部长或贸易伙伴关于产品被认定为非法产品的通知后，批发分销商应依照此通知确认其拥有或控制的所有非法产品，包括后来接收的所有非法产品，并依照第（A）款的规定采取适当行动。

（ⅳ）通知终止。批发分销商和部长协商确定非法通知不再必要后，应立即通知直接贸易伙伴其依照第（ⅱ）条款已经通知此类非法产品的通知已被终止。

（ⅴ）记录。批发分销商应保存非法产品的处置记录至少 6 年（从产生处置结果之日起）。

（C）电子数据库。批发分销商应依照本条要求开发安全的电子数据库，或利用另一实体开发或运营安全的电子数据库。数据库所有者应建立要求和过程以回应请求，还应向药品流通供应链的其他成员提供相应的数据访问。数据库的开发和运营不应免除本条对批发分销商的要求，即批发分销商应对通过安全电子数据库以外的方式提交的核查请求作出回应。

（D）核查可售的退货产品。自《药物供应链安全法案》颁布之日起 6 年后，当批发分销商收到退货产品且欲将其继续分销时，批发分销商在继续分销前应先核查该产品每一个密封同质箱的产品识别码（包括标准化数字识别码）；若该产品并非用密封同种箱封装，则核查每一包装上的产品识别码（包括标准化数字识别码）。

（d）药房的要求

FDA 对药房在产品追踪，产品标识，对非法产品、可疑产品和退还产品的处置，以及建立和操作电子数据库等环节的具体要求如下。

（1）产品追踪

（A）总则。自 2015 年 7 月 1 日起，药房：

（ⅰ）不得接受产品的所有权，除非在交易之前或交易发生时，先前的所有者提供交易历史、交易信息和交易声明；

（ⅱ）在每次交易之前或交易发生时，药房转移产品所有权（但不包括分配给患者的产品或退货），应向下一任所有者提供产品的交易历史、交易信息和交易声明，但本条款的要求不适用于为满足特定患者需要而进行的从一个药房到另一个药房的销售；和

（ⅲ）当有必要调查可疑产品时，应获取交易信息（如果有的话，包括批次层面的信息）、交易历史和交易声明，并在交易后保存该信息、历史和声明至少 6 年。

（B）与第三方的协议。药房可与第三方（包括授权的批发分销商）签订书面协议，根据书面协议，第三方代表药房秘密保存本小节所要求保存的交易信息、交易历史和交易声明。若药房签订此协议，则其应保存书面协议的副本，且药房在本小节下的义务不应得到免除。

（C）退货

（ⅰ）可售的退货产品。药房从贸易伙伴处获得产品时，贸易伙伴未提供第（A）款所需信息，则药房可将产品退换给贸易伙伴。

（ⅱ）不可售的退货产品。药房可将不可售的产品退还给生产商或分包商、出售该产品的批发分销商、退货处理人或代表这些组织的个人，这些个人不需提供第（A）款所需的信息。

（D）信息要求。根据部长或其他有关联邦或州政府官员的要求，在召回或调查可疑产品或非法产品时，药房应在收到请求后不迟

于 2 个工作日或在部长确定的其他合理期限内，根据要求情况，提供其从先前所有者处获得的适用的交易信息、交易声明和交易历史。交易信息、交易声明和交易历史不得包括产品批号、首次交易日期或生产商首次装运日期，除非这些信息包含在生产商或批发分销商提供给分销商的交易信息、交易声明和交易历史中。分销商可通过提供纸质版或电子版的适用信息来回应要求。自《药物供应链安全法案》颁布之日起 4 年后，部长或其他有关联邦或州政府官员在必要时应准许给予分销商额外时间，以便给药房提供第 581（26）节第（F）款所需的纸质版批次层面的信息，将要求时间限制在要求前或其他相关日期前 6 个月内，并且在召回产品的情况下，只有在该召回产品涉及引起一系列妨害健康的反应甚至导致死亡时，部长或其他有关联邦或州政府官员才可要求信息。

（2）产品标识——自《药物供应链安全法案》颁布之日起 7 年内，只有当此类产品用产品识别码编码 [除第（a）（5）小节所述情况外]，药房才可从事涉及产品的交易。

（3）授权的贸易伙伴——最迟自 2015 年 1 月 1 日起，药房的贸易伙伴只可以是授权的贸易伙伴。

（4）核查——药房应不迟于 2015 年 1 月 1 日，建立起一定的方法使药房符合以下要求：

（A）可疑产品

（ⅰ）总则。确定药房拥有或控制的产品为可疑产品，或部长确定分销商拥有或控制范围内的产品为可疑产品并发出核查请求

后，药房应

（Ⅰ）将药房拥有或控制范围内的该产品与将进入分销过程的产品隔离，直到该产品嫌疑消除或得到适当处置；以及

（Ⅱ）根据具体情况，立即与贸易伙伴协作进行调查，以确定该产品是否为非法产品。

（ⅱ）调查。根据第（i）（Ⅱ）条款进行的调查应包括

（Ⅰ）自《药物供应链安全法案》颁布之日起 7 年后，核查可疑产品的批号是否与该产品的批号一致；

（Ⅱ）自该法案颁布之日起 7 年后，取至少 3 包或 10%（包件大时或全是包装产品时或总包件数少于 3 包）的该批可疑产品，核查其产品识别码（包括标准化数字识别码）是否与该产品的产品识别码一致；

（Ⅲ）确认药房拥有的所有适用的交易历史和交易信息；

（Ⅳ）还包括进行相关调查以确定该产品是否为非法产品。

（ⅲ）消除嫌疑的产品。如果药房确定可疑产品的嫌疑消除，系合法产品，则分销商应视具体情况尽快通知健康与人类服务部部长此决定，以使该产品可以继续分销或配制。

（ⅳ）记录。药房应保存可疑产品的调查记录至少 6 年（从产生调查结果之日起）。

（B）非法产品

（ⅰ）总则。药房与生产商协作确定药房拥有或控制的产品为非法产品后，药房应：

（Ⅰ）处置药房拥有或控制范围内的非法产品；

（Ⅱ）采取合理和适当的措施以协助贸易伙伴处置不在药房拥有或控制范围内的非法产品；且

（Ⅲ）必要和适当情况下，应生产商或健康与人类服务部部长（其他有关联邦或州政府官员）的要求，保留产品样品以供生产商或健康与人类服务部部长（其他有关联邦或州政府官员）做进一步物理检验或实验室分析；

（ⅱ）通知。药房在确定其拥有或控制的产品为非法产品后，并在此决定作出后 24 小时内，应通知部长和所有药房有理由认为可能收到此类非法产品通知的直接贸易伙伴。

（ⅲ）回应通知。在收到部长或贸易伙伴关于产品被认定为非法产品的通知后，药房应依照此通知确认其拥有或控制的所有非法产品，包括后来接收的所有非法产品，并依照第（A）款采取适当行动。

（ⅳ）批发分销商与部长协商确定非法通知不再必要后，应立即通知直接贸易伙伴其依照第（ⅱ）条款已经通知此类非法产品的通知已被终止。

（v）记录。药房应保存非法产品的处置记录不少于6年（从产生处置结果之日算起）。

（C）电子数据库。药房应依照本条要求开发安全的电子数据库，或利用另一实体开发或运营的安全的电子数据库。

（5）例外——尽管有其他法律规定，第（1）（4）条下的规定不适用于按照州法具备处方权的执业医师；其他在执业医师（通过正常程序开方者）监管或指导下获得授权的个人。

（e）分包商的要求

与药品生产商、批发分销商、药房相类似，FDA对第581节（16）（A）所述的分包商在在产品追踪，产品标识，对非法产品、可疑产品和退还产品的处置、建立和操作电子数据库等环节的要求框架大体相同，具体如下。

（1）产品追踪

（A）总则。最迟自2015年1月1日起，第581节（16）（A）所述的分包商应：

（i）不得产品所有权，除非先前所有者在交易之前或交易发生时，提供产品的交易历史、交易信息和交易声明；

（ii）在每次交易之前或交易发生时，分包商转移产品所有权，向下一任所有者提供产品的交易历史、交易信息和交易声明；以及

（ⅲ）获取第（i）和（ⅱ）条款所述的每一次交易的交易信息（包括批次层面的信息）、交易历史和交易声明，并在交易后保存该信息、历史和声明至少 6 年。

（B）退货。

（ⅰ）不可售的产品。第 581 节（16）（A）所述的分包商可将不可售的产品退还给生产商或分包商，或出售该产品的批发分销商，或代表这些组织的个人，包括退货处理人等，这些个人无需提供第（A）（ⅱ）款所要求的信息。

（ⅱ）可售或不可售产品。根据分包商和拥有该产品的实体之间签订合同的条款和条件，在未提供第（A）（ⅱ）款所需信息时，第 581 节（16）（B）所述的分包商代表拥有该产品所有权的医院或其他医疗卫生单位，可将可售或不可售产品退还给生产商、分包商或出售该产品的批发分销商。

（C）信息要求。根据部长或其他有关联邦或州政府官员的请求，在召回或调查可疑产品或非法产品时，第 581 节（16）（B）所述的分包商应在收到要求后不迟于 1 个工作日且不超过 48 小时，或在部长确定的其他合理期限内，提供适用的产品交易信息、交易历史和交易声明。

（2）产品识别码

（A）总则。自《药物供应链安全法案》颁布之日起 5 年内，第 581 节（16）（B）所述的分包商：

（ⅰ）应在即将进行商业交易的每件产品外包装或同质箱外贴上或印上产品识别码。

（ⅱ）在交易后应保存此产品的产品识别码信息至少 6 年；

（ⅲ）只有当此类产品用产品识别码编码［除第（a）（5）小节所述情况外］，分包商才可从事涉及产品的交易；且

（ⅳ）应保留记录至少 6 年，以便允许分包商将经其签署或盖章的产品识别码与产品原生产商指定的产品识别码联系起来。

（B）例外。需要具备标准化数字识别码的产品 / 包装不需具有唯一的设备识别码。

（3）授权的贸易伙伴——自 2015 年 1 月 1 日起，第 581 节（16）所述的分包商的贸易伙伴只可以是授权的贸易伙伴。

（4）核查——不迟于 2015 年 1 月 1 日，第 581 节（16）所述的分包商应建立相关的系统以使分包商符合以下要求：

（A）可疑产品

（ⅰ）总则。确定分包商拥有或控制的产品为可疑产品，或部长确定分包商拥有或控制范围内的产品为可疑产品并发出核查请求后，分包商应

（Ⅰ）将分包商拥有或控制范围内的该产品与将进入分销过程的产品隔离，直到该产品嫌疑消除或得到适当处置；

（Ⅱ）根据具体情况，立即与贸易伙伴协作进行调查，以确定该产品是否为非法产品。调查应包括确认分包商拥有的所有适用的交易历史和交易信息，还应包括进行相关调查以确定该产品是否为非法产品。另外，自《药物供应链安全法案》颁布之日起5年后[除第（a）（5）小节所述的情况外]，须从包装级别核实产品（包括标准化数字识别符）。

（ⅱ）可疑性消除。如果分包商确定可疑产品为合法产品，则分包商应视具体情况尽快通知部长此决定，以使该产品可以继续分销。

（ⅲ）记录。分包商应保存可疑产品的调查记录至少6年（从产生调查结果之日算起）。

（B）非法产品

（ⅰ）总则。分包商与生产商协作确定分包商拥有或控制的产品为非法产品后，分包商应采取符合该类分包商系统和流程的方式

（Ⅰ）将分包商拥有或控制范围内的该产品与将进入分销过程的产品隔离，直到该产品得到适当处置；

（Ⅱ）对分包商拥有或控制范围内的非法产品进行处置；

（Ⅲ）采取合理和适当的措施以协助贸易伙伴处置不在分包商拥有或控制范围内的非法产品；以及

（Ⅳ）在必要和适当情况下，应生产商或部长（其他有关联邦或

州政府官员）的要求，保留产品样品以供生产商或部长（其他有关联邦或州政府官员）做进一步物理检验或实验室分析；

（ⅱ）通知。分包商在确定其拥有或控制的产品为非法产品后，并在此决定作出后 24 小时内，应通知部长和所有分包商有理由认为可能收到此类非法产品通知的直接贸易伙伴。

（ⅲ）回应通知。在收到部长或贸易伙伴关于产品被认定为非法产品的通知后，分包商应依照此通知确认其拥有或控制的所有非法产品（包括后来接收的所有非法产品），并依照第（A）款采取适当行动。

（ⅳ）终止通知。分包商与部长协商确定非法通知不再必要后，应立即通知直接贸易伙伴其依照第（ⅱ）条款已经通知此类非法产品的通知已被终止。

（ⅴ）记录。分包商应保存非法产品的处置记录至少 6 年（从产生处置结果之日起）。

（C）信息要求。自《药物供应链安全法案》颁布之日起 5 年后，在收到拥有或控制产品（由分包商包装）的授权生产商、批发分销商或分销商的核查请求后，分包商应在收到核查请求后 24 小时之内，或由部长根据要求情况确定的其他合理时间内，通知申请人申请的产品识别码（包括标准化数字识别码）是否与分包商贴或印在产品上的识别码一致。如果申请核查的产品识别码与分包商贴或印在产品上的识别码不一致，分包商应视该批产品为可疑产品并依照（A）条款进行调查。如分包商有理由相信该产品为非法产品，则分包商应建议申请人在分包商收到核查回应时提出申请。

（D）电子数据库。分包商应依照第（4）条要求开发安全的电子数据库，或利用另一实体开发或运营的安全的电子数据库。数据库所有者应建立规范和程序以回应请求，还应向药品流通供应链的其他成员提供相应的数据访问。数据库的开发和运营不应免除第（C）款对分包商的要求，即分包商应对通过安全电子数据库以外的方式提交的核查请求作出回应。

（E）核查可售的退货产品。自《药物供应链安全法案》颁布之日起5年后，当分包商收到退货产品且欲将其继续分销时，批发分销商在继续分销前应该先核查该产品每一个密封同种箱的产品标识符；若该产品并非在同质箱封装，则核查每一包装上的产品标识符。

（f）转运配送——直接装运

转运配送（Dropshipping）又名“直运”，是指产品从生产商、批发分销商直接发到客户的业务流程，此种业务流程在美国的药品贸易中使用较多，但在跨国业务中并不多见。配送商通常是指产品的生产商或者批发分销商。FDA对于采用直接装运这种直运销售方式的生产商或批发分销商的具体要求如下：

（1）总则。批发分销商若不对产品进行物理上的处置或储存，则应免除本节的规定，[除第（c）（4）（B）小节第（ⅱ）（ⅲ）（iv）条款的通知要求外]，如果生产商、分包商或其他通过转运配送的方式将产品分销给分销商的批发分销商，该批发分销商需将交易信息和交易历史、该批发分销商的联系信息告知分销商并且将交易信息、交易历史和交易声明直接提供给分销商。

（2）澄清。本小节所称的提供行政服务，包括处理订单和付款，不得自行解释为参与产品的处置、销售或储存。

（g）加强药物流通安全

（1）总则。自《药物供应链安全法案》颁布之日起 10 年后，下列有关对包装级别产品互操作性电子追踪的要求将生效。

（A）根据（h）小节第（3）和第（4）条［包括根据本小节第（5）条发布的指导性文件修订本］发布的指导性文件建立的标准，本节要求的交易信息和交易声明应与符合该标准的安全的、可互操作的且以电子的方式进行交换。

（B）本节要求的交易信息应该包括每一个包装级别产品的产品标识符。

（C）从包装级别核查产品的系统和流程（包括标准化数字标识符），应按照根据（a）（2）小节发布的指导性文件建立的标准和根据（h）小节第（2）（3）（4）条发布的指导性文件［包括根据本小节第（5）条发布的指导性文件修订本，其中包括必要时使用聚合和推论技术］。

（D）应部长（其他有关联邦或州政府官员）的要求召回或调查可疑产品或非法产品时，为及时回应产品交易信息和交易声明，应有必须的系统和流程。

（E）为方便及时收集每次交易的必要交易信息并返回至生产商的系统和流程（如适用），需满足以下要求。

（ⅰ）系应部长（其他有关联邦或州政府官员）之要求，为召回或调查可疑产品或非法产品而建立；或

（ⅱ）在授权贸易伙伴的请求情况下，能以确保保护商业机密信息和商业秘密的安全方式调查可疑产品，或协助部长（其他有关联邦或州政府官员）在第（i）条款所述的请求。

（F）接受可售退货的个人应实施相关系统和流程以允许接受该产品，并且只有当该个人能将可售的退货产品与该产品相关的交易信息和交易声明联系起来，该个人才可接受可售的退货。

（2）合规（Compliance）

（A）信息维护协议。药房可与第三方（包括授权的批发分销商）签订书面协议，根据书面协议，第三方应以保密的方式保存本节所要求保存的交易信息和交易声明。若药房签订此协议，则其应保存书面协议的副本，且药房在本小节下的义务不应免除。

（B）替代方法。考虑到根据第（3）条要进行的评估，部长应提供第（1）条中所有要求的可替代的合规方法，包括：

（ⅰ）设定小企业（包括拥有 25 位或少于 25 位全职员工的小型药房）能遵守这些合规要求的时间表，以确保该合规要求不会给小企业造成不必要的经济困难，包括小型药房未符合第（3）条中的评估标准的、部长认为第（1）条下的要求可能会给小型药

房造成不必要的经济困难等；

（ⅱ）若部长确定第（1）条下的要求会给企业造成不必要的经济困难，则应建立相关流程以使分销商可请求放弃第（1）条中的要求，该流程应包括两年一次审查和更新所有该类弃权的流程。

（3）评估

（A）总则。自部长发布（h）小节要求的最终指导性文件发布后的 18 个月之内，部长应与一家独立的私人咨询公司签订合同，该咨询公司应配备能进行技术和软件评估的专家，由这些专家对拥有不超过 25 位全职员工的药房之包装级别产品可互操作、电子追踪的可行性进行评估。此类评估应在《药物供应链安全法案》颁布之日起不迟于 8.5 年完成。

（B）条件。作为第（A）款合同授予的条件，当进行本款下的评估时，独立的私人咨询公司应同意与有不超过 25 位全职员工的药房协商。

（C）内容。第（A）款下的评估应包括：

（ⅰ）评估该类药房是否能够较易地获得必要的软、硬件；

（ⅱ）获取、安装和维护必要的软、硬件对此类药房而言是否过于昂贵；

（ⅲ）这些药房是否可将这些必要的软硬件整合到其商业行为中，如与与批发分销商的互操作性等。

（D）公布。部长应：

（ⅰ）根据第（A）款的规定在开始评估之前发布评估工作声明，并征求公众意见；

（ⅱ）在收到该评估后30天内，公布最终评估工作并征求公众意见；

（ⅲ）在收到最终评估工作（结果）后180天内召开公开会议，公共利益相关者可就最终评估工作在此会上提出评估意见。

（4）程序——尽管《美国法典》第5卷第553节有相关规定，部长根据本节规定颁布任何的法规时应：

（A）通过以下途径提供合适的灵活性

（ⅰ）不需要采用特定的业务系统来维护和传输数据；

（ⅱ）根据第（1）条中要求，规定可替代的合规方法或执行这些要求的规定，包括

（Ⅰ）设定小企业能遵守这些合规要求的时间表，以确保该合规要求不会给小企业造成不必要的经济困难，包括小型药房未符合第（3）条中的评估标准的，或者部长认为这些要求可能会给小型药房造成不必要的经济困难等；

（Ⅱ）若部长认为这些要求会给企业造成不必要的经济困难，则应建立相关流程以使分销商可请求放弃相关规定的要求。

（ⅲ）同时考虑到下述因素：

（Ⅰ）试点项目的结果，包括根据本节规定开展以及私营部门开展的试点项目，也包括涉及使用联合和推理演绎技术开展的试点项目；

（Ⅱ）根据本节规定召开的公开会议以及发布的相关指导性文件；

（Ⅲ）其他相关任何规定带来的公共健康效益与合规成本之比较，包括给不同规模和实力的实体所带来的效益；

（Ⅳ）通过为每个部门（包括大型和小型企业）提供适当的灵活性以实现药品流通供应链的多样性；以及

（Ⅴ）根据第（3）条有关规定对小企业药房进行的评估工作，包括相关的公众意见和公开会议，以及本节下的要求。

（B）发布包括一份试行条例副本的拟议法规通知；

（C）提供一段至少 60 天的期限用以评议试行条例；

（D）在规定生效日期前 2 年内，在《联邦公报》上公布最终法规。

（h）指导性文件

为促进有效的产品追踪，加强药物分销安全，进一步保护公众健康，部长应根据本节要求，就可疑产品和非法产品处置、单位级别的产品追踪、可互操作数据交换标准的建立等内容颁布相关的指导性文件。

（1）总则——为促进成功有效地采用包装级别的安全、可互操作的产品追踪，以加强药物分销安全和进一步保护公众健康，部长应公布本小节所规定的指导性文件。

（2）可疑产品和非法产品

（A）总则。自《药物供应链安全法案》颁布之日起 180 天之内，部长应公布指导性文件以助贸易伙伴鉴定可疑产品和终止通知。该指导性文件应：

（ⅰ）明确可能显著增加可疑产品进入药品流通供应链风险的特定情况；

（ⅱ）提供关于贸易伙伴如何鉴定该类产品的建议，并在可行范围内尽快确定该产品是否为可疑产品；

（ⅲ）根据（b）（4）（B）、（c）（4）（B）、（d）（4）（B）和（e）（4）（B）小节制定相关流程，以便生产商、分包商、批发分销商、药房和部长协商后发布终止关于非法产品的通知。

（B）修订指导性文件。如果部长修订第（A）款下发布的指导性文件，则部长应遵循第（5）条提出的程序。

（3）单位级别的追踪

（A）总则。为加强包装级别药物的分销安全，应举行公开会议以探讨系统中哪些因素对于确保包装级别的安全追踪，包括在必要时允许使用核查、推理演绎和联合技术等。在该会议举行后 18 个月内，部长应根据(g)小节下建立的要求发布最终指导性文件，该文件应对有关包装级别产品进行安全追踪所需的系统属性做出概述并提出建议。该指导性文件还应：

(ⅰ)明确在不开箱、托盘、手提袋、其他个人包装或产品容器集合物、不逐一扫描每个包件的情况下，药品流通供应链各部门可用最有效可行的方式从箱、托盘、手提袋或其他集合物的产品标识符推断箱、托盘、手提袋或其他集合物内的物质；

(ⅱ)确定可加强包装级别产品安全追踪的方法和流程，如促进推理演绎技术使用的安全流程、加强核查活动、使用联合和推理演绎技术、利用产品识别码（包括标准化数字识别码或包装安全性特征）加强包装级别产品追踪的流程；

(ⅲ)确保保护商业机密信息和商业秘密。

(B)程序。在根据第（A）款发布指导性文件以及修订此文件（如适用）的过程中，部长应遵循第（5）条提出的程序。

(4)交互操作的数据交换标准

(A)总则。为加强对包装级别产品的安全追踪，在为加强药品流通供应链安全而举行的有关交互操作标准的公开会议后 18 个月之内，部长在必要和适当情况下应更新根据第（a）(2)小节发布的指导性文件，拟定最终的指导文件以便使该指导性文件：

（ⅰ）确定并提议完善为加强药品流通供应链安全而建立的交互操作的电子数据交换标准，该标准应遵照由广泛认可的国际标准开发组织开发的形式和格式。

（ⅱ）考虑根据第（a）（2）小节和第505D节建立的标准；

（ⅲ）有助于建立产品追踪的统一流程或方法；

（ⅳ）确保商业机密和相关信息得以保护。

（B）程序。在根据第（A）款发布指导性文件以及修订此文件（如适用）的过程中，部长应遵循第（5）条提出的程序。

（5）程序——除根据第（2）（A）条发布的最初指导性文件外，根据本小节或（g）小节发布或修订的任何指导性文件，部长应：

（A）在《联邦公报》上发布通知，公布指导性文件草案或修订后的指导性文件草案，该通知的时限至少为30天；

（B）在美国食品药品管理局网站上发布指导性文件草案，并提供该指导性文件草案的硬拷贝版本；

（C）提供征求意见的渠道，并（在定稿时）考虑收到的意见；

（D）酌情对指导性文件草案进行修订；

（E）在《联邦公报》上发布通知，公布最终的或修订后的指导性文件草案，该通知的时限至少为 30 天；

（F）在美国食品药品管理局网站上发布最终的指导性文件，并提供该最终指导性文件的硬拷贝版本；

（G）明确该指导性文件的有效日期，该有效日期应为指导性文件定稿后至少 1 年。

（ⅰ）公开会议

（1）总则——部长应至少举行 5 次公开会议以加强药品流通供应链的安全并提供意见。部长可在《药物供应链安全法案》颁布 1 年之后举行首次公开会议。在举行本条所述的公开会议时，部长应：

（A）优先考虑为通知（h）小节第（3）（4）条中发布的指导性文件所需的主题；

（B）采取所有合理可行的措施以确保商业机密和相关信息得到保护。

（2）内容——下列各主题须至少在其中一次的公开会议中得以处理：

（A）根据（b）到（e）小节为建立单位级别系统性能而采取的评估措施，包括这些小节中的要求对下列因素所带来的影响。

（ⅰ）医疗保健系统合力为维持患者获得药物的能力；

（ⅱ）这些要求的可扩展性，包括涉及的产品线；

（ⅲ）不同行业和部门（包括大型和小型企业）贴附并利用产品识别码的能力。

（B）为支持（g）小节要求而必须建立的系统属性，包括为支持药品流通供应链各部门间安全的、交互操作的、电子数据交换而采用的标准。

（C）在药品流通供应链各不同部门实施本节要求的最佳实践。

（D）落实本节要求的成本和效益（包括对药品流通供应链各部门和公共卫生的影响）。

（E）电子追踪要求（包括包装级别产品的追踪）是否可行、是否具有成本效益、且是否为保护公众健康所必需的。

（F）利用产品识别码以加强追踪包装级别产品所需的系统和程序（包括必要时允许使用的核查、联合和推理演绎技术）。

（G）如需要，建立可提供追踪包装级别产品的交互操作电子系统所需的技术能力和法律部门。

（H）此类额外要求将对患者安全、药物供应、药物成本、监管费用以及患者及时获得处方药的影响。

（I）部长确定适当的其他议题。

（j）试点项目

（1）总则——部长应与授权的生产商、分包商、批发分销商和药房协作，建立1个或多个试点项目，探讨和评估加强药品流通供应链安全的方法。在现有《药物供应链安全法案》已颁布的基础上，此类项目包括任何使用联合和推理演绎技术的试点项目，应根据（h）小节第（3）和第（4）条的要求公布指导性文件草案和最终指导性文件，着眼于加强药品流通供应链的安全和保障功能，并考虑在该法案颁布之前进行。

（2）内容

（A）总则。部长应确保根据第（1）条开展的试点项目能反映药品流通供应链的多样性，并确保将试点项目作为一个整体考虑时，会包括各部门（含大型和小型企业）的代表。

（B）项目设计。根据第（1）条要求的试点项目应设计为：

（ⅰ）利用产品识别码追踪产品，其中可能包括使用联合和推理演绎等技术对产品标识符的验证；

（ⅱ）为利用产品识别码加强对产品的追溯，应提高各部门和分部门所需的符合系统和流程的技术能力；

（ⅲ）确定必要的系统属性以执行本节要求；

（ⅳ）完成部长确定的其他事项。

（k）法律失效

自《药物供应链安全法案》颁布之日起 10 年后，以下要求不具有法律效力：

（1）本节规定下与交易历史相关的条款和收据。

（2）第（b）（4）（E）、（c）（1）（B）（i）、（d）（1）（C）（i）和（e）（4）（E）小节与退货相关的规定。

（3）根据（c）（1）小节第（A）（V）（Ⅱ）和第（D）款，只适用于批次级别信息的要求。

（l）解释规则

（g）（4）、（i）和（j）小节中的要求不应被视为阻碍或延迟（g）小节条款生效的条件、禁止或先例。

（m）请求信息

根据（b）（1）（B）、（c）（1）（C）和（e）（1）（C）小节，自《药物供应链安全法案》颁布之日起 10 年后，如部长、其他适当的联邦或州官员（如适用）请求提供信息，那么该请求的回应时间应在收到部长或其他适当的联邦或州官员（如适用）请求后的 24 小时之内，或由部长根据请求情况确定的其他合理时间。

三、处方药批发商的国家标准[1]

美国对处方药批发商的国家标准中，主要包括两点，一是部长应当在《药物供应链安全法案》颁布后2年内，建立处方药批发商许可（包括撤销、补发和变更许可等）标准，此类标准应具有统一性，适用于所有州和联邦关于处方药批发商的许可要求；二是建立由联邦/州许可签发机关或委托第三方机构对获许可的处方药批发商实施的检查机制，各州根据国家标准颁布相应的法规以指导本州的处方药批发商许可工作，例如宾夕法尼亚州于1992年开始实施的《宾州处方药批发商许可法案》（Wholesale Prescription Drug Distributors License Act）、威斯康辛州2006年开始实施的《药房、处方药/器械分销商和生产商的商业模式和许可标准》（Business Models and the Requirements for Licensure（Pharmacy, Prescription Drug or Device Distributor and Drug Manufacturer））等，都是各州对具体落实国家处方药批发商许可要求的具体举措。美国联邦对的处方药批发商许可的具体要求如下。

（a）总则

根据（b）（1）小节规定，任何人不得在任何州从事药品的批发分销除非：

（Ⅰ）持有药品销售所在州的许可；

（Ⅱ）如果药品销售所在州没有确立的执照规定，经部长许可的；

[1] 即《美国法典》第21卷第360节eee—3部分，《联邦食品药品和化妆品法案》（FDC&A）H分章“第583节处方药批发商的国家标准”

（ⅱ）如果药品销售是发生在州与州之间的，则需要获得药品销售至的州的许可，如果该州需要销售至本州药品的人的执照 。

部长应当在《药物供应链安全法案》颁布后 2 年内，根据第 503 节（e)(1)(经《药物供应链安全法案》修订）相关要求建立许可人的监管标准，包括此类许可证的撤销、补发和变更。

（b）标准

为确保本节规定的标准统一性，根据（a）小节建立的标准应适用于第 503 节（e)(1)(经《药物供应链安全法案》修订）所述的所有州和联邦的许可证，并应包括以下标准。

（1）处方药的储存和处理，包括设施要求。

（2）建立和维护这些药物的分销记录。

（3）提供债券或其他相当于担保的方式，如下所示。

（A)(i）颁发或变更批发分销商的许可证，申请人若非政府拥有或经营的批发分销商，应提交 100, 000 美元的保证金或州政府可接受的其他等效安保方式。

（ⅱ）根据第（i）条款，如果批发分销商上一纳税年度的年总收入是 10, 000, 000 美元或少于 10, 000, 000 美元，则州政府或其他适用机关可接受金额为 25, 000 美元的保证金。

（B）如果批发分销商可提供证据证明其拥有某一个州所要求的债

券，则应豁免在另一个州的债券要求。

（4）对设施管理人员或指定代表进行强制性背景审查和指纹识别。

（5）建立和实施关键人员资质的相关要求。

（6）对批发分销商使用的任何设施进行符合（c）小节规定的强制性物理检查，这样的检查可贯穿与设施的初步应用到由许可证发放机关或州对设施进行许可的整个阶段。

（7）按照（d）小节，禁止某些人接收或保持批发分销商的许可证。《公法》113－54 第 204（a）（5）节 127 小节提供了一项修正案，即在第 V 章第 H 分章末尾插入第 583 节。修订后的指令应是在第 582 节末尾插入第 583 节［因为第 583 节后的其他节（经《公法》添加）在该《公法》（2013 年 11 月 27 日）颁布之日起生效］。在第 582 节后的该节位置已显示在此处，以反映国会的可能意图。

（c）检查

为满足（b）（6）小节下的检查要求，联邦或州许可签发机关可实施检查或接受设施所在州或由第三方认可的检查，或部长或州许可签发。

（d）受禁制人士

如出现下述情况，根据（a）小节建立的标准应包括禁止个人获得或维持批发分销商许可证的要求。

（1）被宣判严重违反批发分销规定或严重违反第 301 节（i）（k）小节规定的行为，或任何严重违反《美国法典》第 18 卷第 1365 节中关于篡改产品规定的行为；或

（2）从事违反本节要求或州政府关于许可证要求的活动，并可能妨害公众健康甚至引起死亡。

（e）要求

尽管《美国法典》第 5 卷第 553 节有相关规定，对于根据本节颁布的任何规定，部长应：

（1）公布拟议法规通知，通知中应包括一份草拟法规副本；

（2）提供不少于 60 天的期限以用于收集对草拟法规的意见；

（3）确定最终法规在其发布 2 年届满后生效。

四、第三方物流供应商的国家标准[1]

药品第三方物流供应商是指在物流业务外包的基础上，由药品供方与药品需方以外的专业物流服务公司以契约或合同的方式，为物流需求企业提供物流服务的公司。第三方物流供应商须获得部长的许可，方可进行州内或州际的药品配送，部长在授权许可第三方物流供应商时，可按照规定收取一定的费用。

1　即《美国法典》第 21 卷第 360 节 eee—3 部分，《联邦食品药品和化妆品法案》（FDC&A）H 分章“第 584 节 第三方物流的国家标准”

（a）要求

任何一个州的第三方物流供应商不得在该州进行相应的活动，除非该第三方物流供应商的每件设施：

（1）（A）系根据（d）小节相关规定，由第三方物流供应商在该州配送药品时获得许可；

（B）如若第三方物流供应商配送药品的州虽然尚未建立相应的许可要求，但是这些设施已经根据（d）小节相关规定获得由部长许的许可；

（2）在进行洲际配送的情况下，如果该第三方物流供应商在将药物配送到某一州的时候获得该州对第三方物流供应商的许可，且该第三方物流供应商未能如第（1）（B）条所述获得部长的许可。

（b）报告

自《药物供应链安全法案》颁布之日起1年后，第三方物流供应商应就其设施状况向部长报告，此报告可按照部长所拟定的年度计划上报，报告内容可包括：

（1）此设施获得许可的州以及相应的执照号码；

（2）该设施的名称和地址，以及在该设施下正常营业的所有商标。

（c）费用

（1）部长授权费用——如果州政府尚未建立关于第三方物流供应商的许可程序，部长可为位于该州的第三方物流供应商颁发执照，并可收取一定数量的合理费用用于偿还部长根据本节在建立、管理以及定期检查许可程序方面的花费。部长应在年度费用的基础上适当调整收费率，仅计算进行该项服务的必要费用。本条授权收取的费用仅限用于履行义务，且收取的数额应提前在拨款法案中加以说明。这些授权费用在耗尽之前一直有效。如有必要，这些费用可从无财政年度限制的美国食品药品管理局收入和支出拨款账户转账至有财政年度限制的收入和支出拨款账户。

（2）州许可费用

（A）有州建立的程序。本法中任何规定不得禁止建立相关程序以许可第三方物流供应商的州从获得该许可的第三方物流供应商处收取费用。

（B）无州建立的程序。若一个州未建立依照本节规定给第三方物流供应商颁发许可证的程序，则禁止该州从获得州许可的第三方物流供应商处收取费用。

（d）法规

（1）总则——自《药物供应链安全法案》颁布之日起 2 年内，部长应颁布（a）小节下有关许可标准的法规，包括撤销并补发本节中第三方物流供应商的许可证。

（2）内容——该法规应

（A）建立部长批准的第三方授权程序，应第三方物流供应商的要求，部长应给每一位符合本节中要求的第三方物流供应商颁发许可证。

（B）如果因为该授权程序不符合部长批准该第三方授权程序的要求，部长不能批准第三方认定流程，此种情况下应建立相应的程序，使部长给每一位符合本节中要求的第三方物流供应商颁发许可证。

（C）要求实体符合部长确定的有关该设施的储存方法，包括

（ⅰ）保持适当规模的仓库空间，以方便安全操作，包括用于隔离可疑产品的合适区域；

（ⅱ）确保足够的安全；

（ⅲ）拥有书面政策和程序以

（Ⅰ）处理产品的接收、安保、储存、库存、装运和配送事宜；

（Ⅱ）在美国确认、记录以及报告经确认的损失或盗窃事宜；

（Ⅲ）纠正存货清单的错误或不准确之处；

（Ⅳ）为生产商的召回活动提供支持；

（Ⅴ）准备、预防和解决任何影响设施安全或操作的任何合理的、可预见的危机，如袭击、火灾或洪水；

（Ⅵ）确保任何过期或被破坏产品与其他产品隔离并退还给生产商或分包商；

（Ⅶ）保持对产品收据和出库配送情况以及库存供应和记录的追溯能力；

（Ⅷ）在各自的生产商、批发配送商或授权政府机构的命令下，隔离或销毁可疑产品。

（D）如部长此前所决定，应由许可机构对该设施仓库空间进行定期检查，以确保其符合本节要求。

（E）禁止严重违反第 301 节第（i）或（k）小节规定或违反《美国法典》第 18 卷第 1365 节中关于篡改产品规定的管理人员或指定代表接触设施。

（F）对设施管理人员或指定代表进行强制性背景审查。

（G）要求第三方物流供应商应许可机构之要求，向许可机构提供该第三方物流供应商利用此类设施提供服务的所有产品生产商、批发配送商和药房目录；

（H）包括任何第三方物流供应商许可的程序。

（ⅰ）许可证在签发日期 3 年后到期；和

（ⅱ）许可证可在到期后变更并获得另外 3 年的期限。

（3）程序——尽管《美国法典》第5卷第553节有相关规定，根据本小节颁布规定时，部长应：

（A）公布拟议法规通知，通知中应包括一份草拟法规副本；

（B）提供不少于60天的期限以用于收集对草拟法规的意见；

（C）确定最终法规在其发布1年届满后生效。

（e）有效性

只要第三方物流供应商保持与本节一致的许可证，根据本节颁发的许可证应保持有效。按照第（d）（2）（A）小节，如果部长判定第三方认证程序表明执照满足本节规定的所有适用要求，部长应向接收认证的第三方物流供应商颁发本节下的许可证。

五、国家统一政策[1]

（a）产品追踪与其他要求

自《药物供应链安全法案》颁布之日起，州或州级行政区不得通过分销系统建立或延续任何用于追踪产品的要求（包括以下任何要求：关于分销历史、交易历史、交易信息的声明或当该产品在供应链中变更所有权或变更与该分销系统相关的核查、调查、处置、通知或记录过程时的产品交易声明，包括纸质或电子谱系系统或通过分销系统跟踪与追溯药物）。上述不予建立或者延续的

[1] 即《美国法典》第21卷第360节eee—4部分，《联邦食品药品和化妆品法案》（FDC&A）H分章“第585节国家统一政策”

要求包括与第 503（e）节（经本法修正）或本分章（或依据该法颁布的法规）下的任何要求或不一致、更加严苛，或是对后者的补充，或不符合以下的两种情况。

（1）根据第 581 或 582 节规定的任何弃权、例外或豁免情形；

（2）第 582 节指定的任何限制情形。

（b）批发分销商和第三方物流供应商的标准

（1）总则——自《药物供应链安全法案》颁布之日起，任何州或州级行政区不得建立或延续与处方药批发分销商或与第三方物流供应商许可有关的任何标准、要求或规定。对于处方药批发分销商、第三方物流供应商，分别不得建立或延续与第 503（e）节（经本法修正）、第 584 节下的标准和要求或不一致、更加宽松、直接相关或被后者包括在内的标准、要求或规定。

（2）各州对第三方物流供应商的规定——任何州不得规定第三方物流供应商作为批发经销商。

（3）管理费用——尽管有第（1）条相关规定，根据第 503（e）节（经《药物供应链安全法案》修正）、第 583、584 节，各州可按实施药品批发分销商和第三方物流供应商许可要求收费。

（4）执行、中止和撤销——尽管有第（1）条的规定，各州

（A）可根据第 503（e）节（经《药物供应链安全法案》修正）或本分章，可采取行政措施（包括罚款）以执行州颁布的规定；

（B）对违反国家法律的行为，可暂停或撤销该州颁发的许可证；

（C）对违反联邦、州或地方药物法律法规的行为，可予以罚款、监禁或民事处罚；

（D）可遵循第582节中关于产品追踪要求，规范授权实体的活动。

（c）例外情况

本节中任何规定不得解释为预先制止各州关于处方药分销的要求，如果该要求与（a）小节所述的产品追踪无关，或与根据第503（e）节（经《药物供应链安全法案》修正）或本分章（或依据该法颁布的法规）适用的（b）小节中所述的批发分销商和第三方物流供应商许可证无关。

第二节　流通药品标识与包装要求豁免及样品销售限制考量[1]

（a）总则

部长负责公布规章，豁免部分药品和器械适用本法[2]下规定的标识和包装要求，即依照贸易惯例，是在公司大批量进行加工、标识或再包装的药品和器械，而非原始加工或包装的药品和器械。前提条件是依据本法规定，这些加工、标识或再包装药品和器械没

[1] 本节由《美国法典》第21卷第353节，即《联邦食品药品和化妆品法案》（FDC&A）第五章A分章“药品和医疗器械”中的“第503节 部分药品、器械、生物制剂的豁免和考量”补充

[2] 即《联邦食品药品和化妆品法案》（FDC&A）

有掺假或错误标识。

（b）人用药标识与包装要求豁免及考量

（1）人用药标识与包装要求豁免及考量

（A）因药品的毒性或其他潜在危害性、使用方法或必要的并行使用措施，使药品的使用只有在由法律许可得执业者进行指导的情形下才是安全的；或者

（B）依据被批准的第505节申请，限于在法律许可的执业者的专业指导下使用；只能在以下情形发放：（i）有许可执业者的书面处方，（ii）有许可执业者的口头处方，该处方须立即归纳为书面处方并由药剂师备案，或者（iii）有该书面或口头处方的复制处方，该复制处方应由开具处方者出具原始处方或口头指示，该指示须立即归纳为书面形式并由药剂师备案。违反本款规定发放药品的行为会被认为是导致药品错误标识出售的行为。

（2）任何依据法律许可的执业者填写或重复填写的书面或口头处方发放的药品，如果该药品的标识记载了发放者的名称和地址、序列号、开方日期、开方者姓名，且处方中记载有患者姓名、使用说明、提示声明（如果有），则对该药品可以免除本法第502节的要求，但（a），（i）（2）（3），（k）以及（l）条的要求，还有（g）、（h）和（p）条的包装要求除外。本豁免不适用于依据邮件诊断而进行的商业药品配送，或是违反本小节（1）条规定的药品发放。

（3）部长可以通过规章取消本小节第（1）条对第505节药品的要求，前提是该要求对保护公共卫生是不必要的。

（4）（A）如果在发放前的任何时间，药品标签没有至少表明“仅处方药”“Rx only”的符号，则第（1）条所指药品将被认定为错误标识。

（B）如果在发放前的任何时间，药品标签带有（A）款所指的符号，则不适用（1）条的药品应被视为错误标识。

（5）本小节的任何规定都不能解释为解除对任何人有关药品的、现在或将来包含于《国内税法》第 3220 条［26《美国法典》3220）或第 3238 条（b）（26《美国法典》第 3238（b）］的法律要求。

（c）药品样品销售限制

过去几十年来，医药企业通过销售代表给医生提供药品样品的制度已被滥用，导致消费者拿到冒牌药、过期药甚至假药。为此，美国颁布《1987 年处方药销售法案》，旨在禁止美国本土生产的药品重新进口，限制药品样品销售，禁止医院和其他医疗单位出于其他目的进行药品的再销售。

（1）任何人不得出售、购买、交易或者试图出售、购买、交易药品样品。本条和（d）小节中的“药品样品”是指（b）小节的一个药品单位，其目的不是为了销售而是为了推广该药品。本条规定不会致使药品生产商或经销商的主管或经营者仅因其公司雇员存在出售、购买、交易或者试图出售、购买、交易药品样品的违规行为而负刑事责任。

（2）禁止出售、购买、交易或试图出售、购买、交易或伪造任何优惠券。本条所指的“优惠券”是指一种可以不付钱或可以减价兑换（b）小节所指药品的赠券。

（3）（A）任何人不得出售、购买、交易或试图出售、购买、交易以下任何药品。

（ⅰ）（b）小节所指药品，以及

（ⅱ）（Ⅰ）公立或私立医院或其他医疗机构购买的药品，或者

（Ⅱ）捐赠或以优惠价格提供给《1954 年国内税法》第 501 节（c）（3）所指的慈善机构的药品。

（B）（A）款内容不适用于：

（ⅰ）作为某药品集团采购组织（GPO）成员的医院或其他医疗卫生机构，为满足本单位用药需求从该 GPO 或者同为该 GPO 成员的其他医院或医疗卫生机构购买药品，或通过其他方式获得药品的情形。

（ⅱ）在法律允许的情况下，（A）（ⅱ）（Ⅱ）款所指的组织向某一非营利性的分支机构出售、购买、交易或试图出售、购买、交易药品。

（ⅲ）共同所有权控制下的医院或其他医疗卫生机构之间出售、购买、交易或试图出售、购买、交易药品。

（ⅳ）出于急救的原因出售、购买、交易或试图出售、购买、交易药品。

（v）按照符合（b）小节规定开具处方而进行的出售、购买、交易或试图出售、购买、交易，或配送药品。本款中所指的“实体（entity）”不包括药品开发商或由各州法律许可的药品零售店。而“出于急救的原因（emergency medical reasons）”包括：医疗卫生机构间的药品转移，或者在日常药品供给被中断或延迟时，为了弥补暂时的药品短缺，从医疗卫生机构向药品零售店转移药品。

（d）药品样品销售限制豁免[1]

根据（c）小节（“药品样品处置要求”）的规定，“任何人不得出售、购买、交易或者试图出售、购买、交易药品样品”，本小节对该销售限制的例外情况进行说明。

（1）除了本小节第（2）条和（3）条所列情况，任何人不得销售药品样品。本小节所指的“销售”不包括下列人员向患者提供药品的行为。

（A）具有药品处方权的执业者；

（B）在该执业者监督和指导下的卫生保健从业人员；或者

（C）医院或者其他医疗卫生机构的药房，在该执业者指导之下并按照第（2）或（3）条规定接受了药品样品。

（2）（A）（b）小节登记的药品生产商或授权分销商，可以按照本条规定通过邮寄或公共运输的方式，向有开方权的从业人员销售

---

[1] 在本小节中，“登记在案的授权分销商”（authorized distributors of record）是指与生产商建立一种持续的产品分销关系的药品分销商

药品样品，或者应执业人员的要求，向医院或其他医疗卫生机构的药房销售药品样品。对药品样品的此类销售行为只可在以下情形而为之。

（ⅰ）回应需要药品样品的书面请求，该书面请求应符合（B）款要求；

（ⅱ）按要求，药品样品的接收人要在交付时提供书面收据，并将收据交给有记录的药品生产商或授权分销商。

（B）（A）（i）款要求的药品样品书面请求应包括下列内容。

（ⅰ）请求方执业人员的姓名、地址、职称和签名；

（ⅱ）请求药品样品的特征和数量；

（ⅲ）请求药品样品的生产商名称；以及

（ⅳ）请求日期。

（C）本款所指的任何通过邮寄或公共运输销售药品的药品生产商或授权分销商须将药品样品请求及收据保留 3 年，并保留一份能够确定所销售的药品及其接受者的记录。本款要求保留的表格、收据和记录，将由登记在案的药品生产商或授权分销商提供给联邦和各州负责管理药品及执行相关法律的官员。

（3）（b）小节所述登记在案的药品生产商或授权分销商，只有在其遵循（A）款要求，并开展（B）到（F）款所规定的活动，才可以通过邮寄或公共运输的方式以外的方式销售药品样品。

（A）药品样品仅可向以下人员或机构销售：

（ⅰ）书面请求获得该药品样品的具有处方权的执业者；或者

（ⅱ）应授权执业者的书面请求，将药品样品分销至医院或其他医疗卫生机构的药房。对药品样品的书面请求，应当载明执业者的姓名、地址、职称、请求药品样品的特性和数量、药品样品生产商或授权分销商的登记在案名称、请求日期以及请求执业者的签名。

（B）登记在案的药品生产商或授权分销商应当将药品样品按以下条件储存：保持样品的稳定性、完整性和有效性，保证样品不被污染、毁坏或掺假。

（C）登记在案的药品生产商或授权分销商应当至少每年做一份完整而准确的存货清单，详细记录其销售代理持有的所有药品样品。登记在案的药品生产商或授权分销商，应当列表记录每一个负责分销药品样品的销售代理的姓名和住址，以及药品样品的储藏地址。药品生产商或授权分销商对以下记录至少保留 3 年：所有销售、毁坏或归还的药品样品，依据本款产生的所有存货清单，所有药品样品的失窃和重大损失情况，以及所有依（A）款对药品样品的请求。依本款保留的记录和清单，应由登记在案的药品生产商或授权分销商应部长的要求提交。

（D）登记在案的药品生产商或授权分销商，应当将药品样品的重大损失情况和已知的失窃情况通报给部长。

（E）登记在案的药品生产商或授权分销商，应当向部长报告其销售代表在出售、购买、交易或试图出售、购买、交易药品样品中存在的任何违反（c）（1）小节或州法律的犯罪行为。

（F）登记在案的药品生产商或授权分销商，应当向部长提供其负责回应有关药品样品请求信息的人员姓名和电话号码。

第三节　处方药电视广告预审查基本要求[1]

美国的药品广告监管主要由联邦贸易委员会（Federal Trade Commission，FTC），联邦通讯委员会（Federal Communications Commission，FCC），FDA，酒、烟草、火器管理局(Bureau of Alcohol，Tobacco and Firearms，ATF）和交通部（Department of Transportation，DOT）负责，同时也有国家法律的制约和行业协会的监督。其中，FTC 是美国最主要的广告监管机构。值得一提的是，FTC 负责监管食品、OTC 药品、饮食补充剂、医疗器械和化妆品的广告，而这些产品的标识由 FDA 监管，处方药的标识和广告都由 FDA 监管。具体而言，处方药的广告与促销由 FDA 的药品审评与研究中心（CDER）下属的药品营销、广告和交流司（DDMAC）主要负责。《联邦食品药品和化妆品法案》（FDCA）中涉及到的广告包括登载在杂志、周刊或其他期刊和报纸上的广告，以及媒体广告，如广播、电视和电话通讯系统中的广告，任何错误的、误导的或者欺骗的宣传都可被制裁。在药品的电视广告播出前，企业需要向部长递交相关的广告宣传材料，由部长根据本节要求对其内容、形式等进行预审查。此外，各州也通过颁布消费者权益保护法等相关的法规来对药品广告的内容进行的限制。

1　本节由《联邦食品药品和化妆品法案》（FDC&A）第五章 A 分章“药品和医疗器械”中的“第 503C 节 电视广告预审查”

（a）总则

部长可要求（企业）在药品电视广告播出前至少 45 天向其提交该药品电视广告的材料，包括该电视广告任何脚本、故事梗概、初稿或完整的视频作品，以根据本节要求进行审查。

（b）审查

在根据本节规定审查电视广告时，部长可就药品标识物相关信息提出建议。

（1）药品标识物信息的变更符合以下要求：

（A）足以保护消费者的利益和福祉；或

（B）与审查产品的所需信息相一致。

（2）在条件允许且信息属实的情况下，声明在电视广告中增加药品对特定人群（如老年人、儿童、宗教和种族少数群体等）具有特殊功效。

（c）无权要求改变

除（e）小节外，本小节未授权部长变更或指示变更（a）小节的提交材料。

（d）老年人、儿童、宗教和种族多民族群体根据（b）小节的建议，部长要考虑广告药品对老年人、儿童、民族和少数民族群体的影响。

（e）特殊说明

（1）严重风险。安全协议——根据本节规定审查电视广告时，如果部长认为如无对药品标识物中所列的严重风险进行特殊说明，该广告将会是虚假或具有误导性，此时部长可要求在电视广告中涵括此类说明。

（2）批准日期——根据本节规定审查电视广告时，如果部长不披露该批准日期的话电视广告将会是虚假或者具有误导性，可要求在广告中包含对该批准日期的特殊说明。对于在电视广告中增加对药物批准日期特殊说明的举措，其期限应是自药物根据《公共卫生服务法》第 505 节或第 351 节规定获批之日起两年内。

（f）解释原则

本节中的任何内容都不能解释为影响第 502（n）节的要求，或根据《联邦法规》第 21 卷第 314.550、314.640、601.45 或 601.94 节部长的权力范围。

（g）州法律对药品广告的规管

州法律可以通过消费者权益保护法等相关规定对药品广告的内容以及宣传方式等进行限制。州法律的范围很广，但大多数都是以保护消费者免受不正当和欺诈广告侵害为目的。以德克萨斯州为例，该州通过颁布实施《消费者保护法案》（Deceptive Trade

Practices Consumer Protection Act，即 DTPA），保护消费者权益免受欺诈性贸易行为的损害。该法案规定任何错误的、误导或者欺骗的行为都是非法的，条例中更是详细说明了哪些广告行为是非法的。DTPA 中规定的非法行为举例如下：

（1）终止此类产品或服务；

（2）引起对药品原料、申请人、批准范围以及产品或服务的误导或误解；

（3）声称该产品或服务拥有实际上不存在的申请人、批准范围、性质、配料、用途、功效或数量；

（4）在该产品已是变质的、修复的、回收的、已被使用的或二手的情况下声称是全新的、原装的；

（5）声称产品或服务是某一特殊标准、质量、等级或型号，但是事实并非如此的；

（6）通过对事实进行错误或误导性的表达，对其他产品、服务或商业行为进行诋毁；

（7）宣传产品或服务，但是目的却不是按宣传的销售；

（8）对降价的原因、情况或者数量的事实做出了错误或误导性的宣传；

（9）声称某一协议涉及到权利、赔偿或义务，但是事实却没有涉及或者被法律所禁止；

（10）任何销售广告中做出某人不再经营的虚假宣传；

（11）就保险和保障涉及到的权利做出了错误的宣传；

（12）进行一种涨价的促销方案。

德克萨斯州的 DTPA 只是列举了一些在各个州发生的欺诈和误导宣传行为的案例，并未全面覆盖所有的违法行为。尽管其他州法律法规与德克萨斯州相比可能覆盖的范围更大或更小，但均是为了确保有足够的能力用于监管在特殊条例中没有包含的情况，从中也可基本一窥各州对药品广告的误导性宣传进行严厉监管的决心。

第四节 治疗信息的宣传[1]

一、相关定义[2]

（1）卫生保健从业人员：提供卫生保健服务的医生或个体，在州法律允许下具有处方药品、器械资格的人。

（2）健康保险人员和团体健康计划：同《公共保健服务法案》第 2791 节中所给的定义。

---

1 本节由《公法》105-115 第 401（a）小节加入。《联邦食品药品和化妆品法案》（FDC&A）经修订，在 C 分章后面插入“D 分章 D 治疗信息的宣传”。即《1997 年现代化法案》第四部分 总则

2 即《美国法典》第 21 卷 360aaa-5 节“第 556 节 定义”

（3）生产商：生产药品或器械的人，或者被该类人授权进行药品或器械分销或销售的人。

（4）新用法

（A）对于药物来说，指该用法尚未列入获批药品的标识物中；

（B）对于器械来说，指该用法尚未列入获批医疗器械的标识物中。

（5）科学或医学杂志

（A）指由符合以下要求的机构出版的科学类或医学类杂志：

（ⅰ）有编辑委员会；

（ⅱ）聘用的专家在该机构正审查的文章所涉及的领域里有专长，不隶属于某一个机构，可以对已投文章进行审查并客观选择、驳回或发表意见；

（ⅲ）奉行公开声明的、完全披露该期刊或组织有关作者或投稿人间的任何利益冲突或偏见。

（B）机构发表的文章须经过同行审查，发表也遵循该机构定期的同行审查流程。

（C）该机构在全国范围具有知名度。

（D）该机构（发表的文章）编入美国国立卫生研究院的医学图书馆《医学索引》。

（E）不以一个或多个生产商全资助或部分资助的形式特别增刊。

二、关于宣传药品或器械治疗信息的要求[1]

（a）总则

尽管第301（d）、502（f）、505节以及《公共保健服务法案》(《美国法典第42卷第262节》）第351节有相关规定，生产商如果符合（b）小节规定的要求，可以对以下人员 / 机构宣传关于未在批准的药品或者器械标识物中说明的，使用安全性、有效性或用法益处的书面信息：

（1）卫生保健从业人员；

（2）药品福利管理机构；

（3）健康保险人员；

（4）健康计划团体；或

（5）联邦或州政府机构。

（b）特殊要求

1 见《美国法典》第21卷第360aaa节“第551节 关于药品或器械治疗信息宣传的要求”

如符合以下要求，药品制造商可根据（a）小节的规定宣传关于新用法的信息

（1）（A）如果是药品，该药品具有第505节的（b）或（j）小节规定下递交的有效药品申请，或者具有《公共保健服务法案》第351节规定的有效生物制品许可；

（B）如果是器械，该器械符合第513节（d）或（e）小节的规定、该节中的（f）小节的指令，或根据第515节获得批准，进行商业分销；

（2）新用法信息符合第552节的要求。

（3）要宣传的信息并不是来源于其他生产商进行的临床研究，或者如果信息是来源于其他生产商进行的研究，（但）宣传该信息的生产商已经得到信息宣传许可。

（4）药品制造商在宣传信息之前60天，要向部长递交了以下材料：

（A）要宣传信息的副本；

（B）制造商拥有的关于新用法安全性和有效性的所有临床试验信息，或者与新用法有关的安全性临床实践报告，以及该新用法信息的概述。

（5）生产商符合第554节（关于该用法的补充申请的规定）的要求。

（6）按照本小节规定，生产生要宣传的信息中，还应该包括：

（A）披露以下内容的声明，应在显著位置处显示。

（ⅰ）FDA 未批准或者明确说明与该药品或器械新用法相关的信息。

（ⅱ）如适用，此类新用法信息应由生产商出资进行宣传。

（ⅲ）如适用，应公布与该药品生产商有重大财务利益相关者的姓名，包括生产商的职员、顾问、接受生产商资助的个人等。

（ⅳ）药品或者器械的官方标识物以及这些标识物的更新信息。

（ⅴ）如适用，声明根据（a）（1）小节的规定进行宣传的产品或疗法新用法已获批或得以明确。

（ⅵ）证明已有人为要发布的药品或器械新用法的研究提供了资金支持。

（B）参考文献，应列明与拟宣传的该药品或医疗器械新用法信息相关的已出版科学文献、科学或医学期刊，除非拟宣传的信息中早已包含了这些参考文献。

（c）补充信息

在提供此类决定的通知及召开有关此类决定的会议后，如果部长认为，生产商按照（b）（3）（B）小节提交的信息，未为拟宣传的药品或器械新用法信息中提供相应的数据、分析或者其他客观有条理的书面材料，部长可以要求生产商宣传以下信息。

（1）补充有关新用法安全性和有效性的客观、科学完整的信息，包含任何生产商递交给部长的信息、该类信息的概述或者任何部长有权公之于众的信息，且这些信息应当以客观且有条理的方式呈现；

（2）部长的客观声明，这个声明要基于部长能够获取的、与该药品或者器械新用法安全性和有效性相关的数据或其他科学依据。

三、授权宣传的信息[1]

（a）授权信息

只有当信息符合以下条件时，生产商才可根据第 551 节的规定宣传新用法信息：

（1）形式完整

（A）重印或者复制一篇文章，该文章所涉及药物或器械的安全性和有效性的评估要由具有科学训练或有经验的、有资格的专家进行同行审查，且这篇文章发表在科学或者医学杂志上［如第 556（5）节所定义］，同时被专家认为是与科学完整的药物或器械临床研究有关；

（B）（b）小节所述的参考出版物，包括与药物或器械的安全性或有效性相关的临床研究，该临床研究在具有科学训练或经验的专家看来是科学完整的。

1　即《美国法典》第 21 卷第 360aaa-1 节“第 552 节 授权宣传的信息”

（2）该信息不造假或具有误导性，且不会给公众健康造成重大风险。

（b）参考出版物

（a）（1）（B）小节规定的参考材料：

（1）不是专门为药品或器械生产商，或者根据其要求撰写、编辑、引用或发表的；

（2）并非由该生产商编辑或是受到该生产商的重大影响而编撰的；

（3）不仅仅由该生产商在传播，在书店或其他销售医学教科书的渠道也可普遍获得此材料；

（4）不围绕该生产商根据第 551 节规定进行信息宣传的任何药械产品，也不围绕该生产商已上市或正在研究中支持药械新用法的信息；

（5）呈现的材料不做假、不具有误导性。

四、制定已发行文章和出版物目录及接受文章和参考文献的提供者名单[1]

（a）总则

生产商只有每半年向部长准备并提交以下材料，才能根据第 551

[1] 即《美国法典》第 21 卷第 360aaa-2 节“第 553 节 制定已发行文章和出版物目录及接受文章和参考文献的提供者名单”

节的规定宣传药品或器械新用法的信息。

（1）包含生产商向部长递交目录之前 6 个月内，向第 551（a）节所述的医疗服务提供者宣传药品或器械新用法信息的文章标题和参考文献的标题目录；以及

（2）明确不同类型的医疗服务提供者［如第 551（a）节所述］的名册，这些提供者在第（1）条所规定的 6 个月期限内，接收的文章和参考文献。

（b）记录

生产商在根据第 551 节规定进行信息宣传时，应当保持相关的记录以备用。例如，当该生产商需要根据第 555 节的规定采取纠正措施时，部长会要求其提交相关的记录，以确保该生产商根据该节要求采取相应的纠正措施。根据部长自行决定，此类记录可以确定依据第 551 节提供的信息接收者或这些接收者的类型。

五、关于新用法补充申请的递交及豁免要求[1]

（a）总则

只有符合以下条件时，生产商才可以根据第 551 节的规定宣传药品或医疗器械新用法的信息。

（1）（A）生产商已经向部长提交了对于该用法的补充申请；

[1] 即《美国法典》第 21 卷第 360aaa-3 节“第 554 节 关于新用法补充申请的递交及豁免要求”

（B）生产商符合（b）或（c）小节的（关于生产商要具备进行该类申请需要的证明）条件。

（2）生产商可以根据（d）条豁免第（1）条下的要求。

（b）补充申请证明；已完成研究的情况

适用（a）（1）（B）小节时，生产商如果已经向部长提交关于证明的申请后，且该证明是与以下情况相关时，可以宣传新用法。

（1）要进行新用法补充申请需要的研究已经完成；并且

（2）在自最初宣传第 551 节下信息后之日起六个月内，应当向部长提交补充申请。

（c）补充申请证明；已计划研究情况

（1）总则——为了符合（a）（1）（B）小节的要求，生产商只有在满足以下条件时才可以进行消息宣传。

（A）生产商已经向部长提交了关于以下内容的申请。

（ⅰ）新用法补充申请所需研究方案及时间表；以及

（ⅱ）证明补充申请要递交给部长的时间不得超过生产商最初按照第 551 节进行信息宣传之日起 36 个月内，或如适用，不得超过部长根据第（3）条规定的延期日期；并且

（B）部长认为拟定的研究方案适当，而且完成研究的时间表也是合理的。

（2）研究的进展报告——生产商在根据第（1）条要求向部长提交申请时，应当向部长定期提交报告，说明所涉研究的进展情况。

（3）相关计划研究延期——如果满足以下条件，可在（1）（A）（ⅱ）条规定的 36 个月期限内，经部长授权延期。

（A）部长认为研究需要提交的申请在 36 个月之内不能完成并提交的；

（B）相关生产商向部长递交了书面的延期申请，而部长也认为生产商在研究进展方面尽职尽责、及时地进行研究，但是在该款要求下延期不得超过 24 个月。

（d）补充申请要求豁免

（1）总则——为了符合（a）（2）小节的要求，生产商可以进行新用法宣传，但须符合以下条件：

（A）生产商已经向部长递交申请，请求豁免（a）（1）小节的要求；

（B）（i）部长根据第（2）条要求批准了申请；或者

（ⅱ）根据第（3）（A）条，该申请已经被批准［除非该批准被第（3）（B）条终止］。

（2）获批的条件——如果部长做出如（A）或（B）款所述的决定，可以批准第（1）条要求豁免的申请：

（A）如因部长有理由认定，生产商负责提交补充申请所必需的费用，将会在禁止该药物或器械定高价。在作出此决定时，部长应当考虑以下几点（部长认为适当的其他考量因素除外）。

（ⅰ）根据生厂商可能享有的新用法市场独占权法律规定，在独占权期间该药品或医疗器械供应不足；以及

（ⅱ）预期可以从批准该补充申请受益的人群数量。

（B）如部长有理由认为进行补充申请需要的研究不符合人伦道德。在作出该决定时，部长要考虑到（部长认为适当的其他考量因素除外）所涉及的新用法是否是对健康状况的医疗保健标准。

（3）考虑申请的时间；默认批准——

（A）总则。部长应当在收到申请的60天内，批准或者拒绝第（1）条关于请求豁免的申请。如果部长没有作出如前的决定，则该申请视为批准。

（B）终止默认批准。生产商如果按照（A）款的规定获得默认批准后，在根据第551节规定宣传新用法的书面信息时，部长可随时终止此项批准，并根据第555节（b）（3）规定命令生产商停止宣传新用法的信息。

（e）关于申请的规定要求

本节规定的申请应当以部长要求的形式和方式下提交。

六、纠正措施和终止宣传活动[1]

（a）信息发布后有关安全性和有效性的数据

（1）纠正措施——部长在生产商开始宣传第 551 节所述信息后，如果部长认为关于新用法的数据［无论是否是第（2）条规定收到］可能无效或者对公众健康造成重大风险，应与生产商协商后，依照保护公众健康的原则针对所宣传的信息采取行动，包括勒令生产商停止宣传该类信息。

（2）生产商递交数据资料的责任——在生产商根据第 551 节规定进行信息宣传后，应当提交通知，告知部长其所另外知晓的临床研究，或者与所涉新用法安全性或有效性相关的其他任何数据信息。如果生产商拥有该数据，则通知中应涵盖此类数据资料。部长应当在规章要求下界定生产商的责任范围，包括部长认为合理的责任范围。

（b）生产商不符合要求（停止信息宣传）

如果出现以下情况，部长可要求生产商停止宣传第 551 节相关的信息。

（1）部长认为生产商宣传的材料不符合本分章的要求。此类命令只有在部长提前通知生产商其要颁布此命令的意图，而且［除非

[1] 即《美国法典》第 21 卷第 360aaa-4 节“第 555 节 纠正措施和终止宣传活动”

适用第（2）（B）条］进行了关于颁布此命令的会议后才能发布。如果生产商只构成对该分章的轻度违规，部长应当延期颁布此命令，给生产商改过的机会。

（2）补充申请——如果有以下情况，部长有权要求生产商终止对第551节规定的信息宣传。

（A）在生产商递交了关于第554节（a）（1）规定的关于新用法的申请后，部长认为该申请并不包含批准新用法所需的足够信息；

（B）生产商递交了第554节（b）规定递交的证明后，并未在规定的6个月期限内递交证明所提及的补充申请；

（C）生产商递交了第554节（c）规定递交的证明但尚未递交该证明提及的补充申请，部长在进行了非正式的听证会后认为生产商没有竭尽全力去完成研究。

（3）终止默认批准的补充申请豁免——如果部长根据第554节（d）（3）的要求终止默认批准的补充申请豁免，可责令生产商停止宣传信息。生产商应当在收到以上命令的60天内执行部长命令。

（c）生产商的纠正措施

（1）总则——除了第（2）条所述规定，部长在要求生产商终止信息宣传的任何情况下，可要求生产商对宣传信息进行修正。

（2）终止默认批准的补充申请豁免——如在（b）（3）小节规定下终止信息宣传，部长不能要求相关的生产商采取行动修正已经宣传的信息，除非部长认定关于新用法的信息可能会对公众健康造成严重威胁。

七、解释规则[1]

（a）主动提出的要求

第551节的任何内容都不应该理解为，禁止生产商发布信息以回应卫生保健从业人员主动提出的请求。

（b）药品或器械信息不是预期用途的证据

尽管有第502节有（a）、（f）、（o）小节或者其他法律的相关规定，根据第551节规定进行的药品和器械新用法信息宣传时，不应被部长视为是药品或器械不同于其已有官方标识物标明新用法的证据，这类信息宣传不应该被认为是药品或器械标识物造假或者标识物有误。

（c）专利保护

第551节的任何内容不应该以任何形式［如第556节（5）所述］影响到实体得到宣传发表文章或收取已发表文章重印费用的专利权。

（d）禁止法案

经由第210节修订，第301节（21 U.S.C. 331）在末尾加入如下内容：

---

[1] 即（《美国法典》第21卷360aaa-6节）“第557节 解释规则”

“(z) 违反了第 551 节有关信息宣传的规定。”

(c) 法规。在本法案颁布实施的 1 年内，美国部长应当颁布规范实施该部分的修正案。

(e) 有效日期

根据本节制定的修正案应在本法案(即《1997 年 FDA 现代化法案》)颁布实施 1 年后开始生效，或者是在部长颁布了根据 (c) 小节做出的最终版本后生效，两者以较早者为准。

(f) 法案废止

根据本节制定的修正案，其有效期限截止至 2006 年 9 月 30 日，或者在部长颁布实施了 (c) 小节所述条例 7 年后失效，以较晚者为准。

(g) 研究和报告

(1) 总审计局

(A) 总则。美国总审计长需要进行研究，确定《联邦食品药品和化妆品法案》第五章分章 D 对卫生与公共服务部资源的影响。

(B) 报告。在 2002 年 1 月 1 日前，总审计长应当向参议院人力资源与劳动委员会和众议院的商业委员会准备并递交研究结果的报告。

(2) 健康与人类服务部

（A）总则。为了帮助众议院决定该分章的法规是否可延期超过（f）小节所设定的终止时间，部长应当在（B）款的规定下，安排研究由于该分章颁布实施而带来的科学问题，包括以下内容。

（ⅰ）该分章对卫生保健从业人员提供有用科学信息的有效性。

（ⅱ）根据该分章规定的要宣传信息的质量。

（ⅲ）根据该分章的要求，由部长提供的，或者在部长的要求下生产商提供信息的质量和有用性。

（ⅳ）该分章对于新用法、新的适应证、新剂量的影响，尤其是对儿童适应证和罕见疾病的影响。

（3）研究流程

（A）总则。部长应当要求国家科学院药物研究所进行第（2）条规定的研究，并且准备递交（B）款要求的报告，药物研究所进行研究和准备报告的花费都应由部长承担支付，如果药物研究所在此情况下不愿意进行研究，总审计长要进行研究。

（B）报告。在2005年9月30日之前，药物研究所和总审计长要向参议院的人力资源与劳动委员会、众议院的商业委员会递交第（2）条要求的研究结果报告。部长在接收到报告之后应当将其公之于众。

附　录

本书缩略语表

A

ADE：Adverse Drug Event，药品不良事件

AE：Adverse Effect，副作用

AHRQ：the Agency for Healthcare Research and Quality，卫生质量研究所

ATF：Bureau of Alcohol, Tobacco and Firearms，酒、烟草、火器管理局

C

CAFC：the United States Court of Appeals for the Federal Circuit，美国联邦巡回上诉法院

CBP：Customs and Border Protection，美国海关及边境保卫局

cGMP：Current Good Manufacturing Practice，现行生产质量管理规范

CMS：CentersforMedicareandMedicaidServices，联邦医疗保险和医疗补助服务中心

D

DDMAC：Division of drug marketing, advertising and communication 药品营销、广告和交流司

DEA：Drug Enforcement Administration，美国禁毒署

DHS：Department of Homeland Security，美国国土安全部

DOJ：Department of Justice，美国司法部

DOT：Department of Transportation，交通部

DQSA：the Drug Quality and Security Act,《药品质量和安全法案》

DSCSA：the Drug Supply Chain Security Act,《药物供应链安全法案》

DTPA：Deceptive Trade Practices—Consumer Protection Act,《欺诈性贸易行为中的消费者保护法案》

E

EEA：European Economic Area，欧洲经济区

EU：European Union，欧盟

F

FACA：Federal Advisory Committee Act,《联邦咨询委员会法案》

FCC：Federal Communications Commission，联邦通讯委员会

FDA：Food and Drug Administration，美国食品药品监督管理局

FOIA：Freedom of Information Act,《信息自由法案》

FPLA：the Fair Packaging and Labeling Act ,《公平包装及标识法》

FR：Federal Register，联邦公报

FTC：Federal Trade Commission，美国联邦贸易委员会

G

GAO：General Accounting Office，美国总审计署

GGP：Good Guidance Practice,《药事指导质量管理规范》

GPO：Group Purchasing Organization，联合采购组织

GSA：General Services Administration，美国国总务管理局

H

HGH：Human Growth Hormone，人体生长激素

I

IM：IndexMedicus，医学索引

IOS：International Organization for Standardization，国际标准化组织

IR code: Internal Revenue Code,《美国税收法案》

M

MOU：memorandum of understanding，谅解备忘录

N

NLM：The United StatesNational Library of Medicine，美国国家医学图书馆

NRC：Nuclear Regulatory Commission，美国核管理委员会

O

OTC：Over the Counter，非处方药

P

PBM：Pharmacy Benefit Manager，药品福利管理

PH：Public Health，公众健康

PHSA：the Public Health Service Act,《公共卫生服务法》

PIP：Personal Importation Policy，个人申请进口产品指导原则

PPPA：the Poison Prevention Packaging Act,《预防毒品包装法案》

R

RCW：Revised Code of Washington,《华盛顿州修订法》

S

SAE：SeriousAdverse Event，严重不良事件

SBP：State Board of Pharmacy，州药房理事会

SCUS：Supreme Court of the United States，联邦最高法院

SNI：Standardized Numerical Identifier，标准化数字标识符

T

TD：Treasury Department，财政部

U

USC：United States Code,《美国法典》

USPS：United States Postal Service，美国邮政

USPTO：United States Patent and Trademark Office，美国专利商标办公室

USTR：the United States Trade Representative，美国贸易代表办公室

V

VHA：the Veterans Health Administration，退伍军人健康管理局

名词术语总表

A

ADUFA：Animal Drug User Fee Act,《兽药使用者付费法案》

AGDUFA：Animal Generic Drug User Fee Act,《动物仿制药使用者付费法案》

AMQP：Animal Model Qualification Program，动物模型认证项目

ANDA：Abbreviated New Drug Application，简略新药申请

APEC：Asia-Pacific Economic Cooperation，亚太经合组织

API：Active Pharmaceutical Ingredient，药用活性成分，原料药

B

BARDA：the Biomedical Advanced Research and Development Authority，生物医学高级研究和发展管理局

BE Test：Biological Equivalence Test，生物等效性试验

BIMO：Bioresearch Monitoring，生物研究监测

BLA：Biologics License Applications，生物制品上市许可申请

BPCA：Best Pharmaceuticals for Children Act,《最佳儿童药品法案》

BPD：Biosimilar Biological Product Development，生物类似物产品开发

BsUFA：Biosimilar User Fee Act,《生物类似物使用者付费法案》

C

CBER: Center for Biologics Evaluation and Research,

生物制品审评与研究中心

CDC: Centers for Disease Control and Prevention，疾病控制与预防中心

CDER: Center for Drug Evaluation and Research，药品审评与研究中心

CDRH: Center for Devices and Radiological Health，器械与放射健康中心

CDTL: Cross Discipline Team Leader，跨学科审查组长

CEO: Chief Executive Officer，首席执行官

CFDA: China Food and Drug Administration，国家食品药品监督管理总局

CFR: Code of Federal Regulation,《美国联邦法规汇编》

CFSAN: Center for Food Safety and Applied Nutrition,

食品安全和应用营养中心

COTR: Contracting Officer’s Technical Representative,

合同缔约人员技术代表

CPI: Consumer Price Index，消费价格指数

CPMS : Chief Project Management Staff，首席项目管理人员

CR: Complete Response Letter，完整回复函

CTECS: Counter-Terrorism and Emergency Coordination Staff,

反恐和紧急协调人员

CVM: Center for Veterinary Medicine，兽药中心

D

DACCM: Division of Advisory Committee and Consultant Management,

咨询委员会和顾问管理部门

DARRTS: Document Archiving, Reporting and Regulatory Tracking System,

文件归档、报告和管理跟踪系统

DCCE：Division of Clinical Compliance Evaluation，临床依从性评价部

DD：Division Director，部门主任

DDI：Division of Drug Information，药品信息部门

DECRS：the Drug Establishment Current Registration Site，当前药品登记地点

DEPS：Division of Enforcement and Post-marketing Safety，药品上市后安全与执行部门

DHC：Division of Health Communications，卫生通讯部门

DMF ：Drug Master File，药品主文件

DMPQ：Division of Manufacturing and Product Quality，生产及产品质量部

DNP：Division of Neurological Products，神经类产品部门

DNPDHF：Division of Non-Prescription Drugs and Health Fraud，非处方药及反卫生欺诈部门

DOC：Division of Online Communications，在线通讯事业部

DoD：the Department of Defense，美国国防部

DPD：Division of Prescription Drugs，处方药部门

DRISK：Division of Risk Management，风险管理部门

DSB：Drug Safety Oversight Board，药品安全监督委员会

DSS：Drug Shortage Staff，药品短缺工作人员

DTL：Discipline Team Leader，专业组组长

DVA：Department of Veterans Affairs，退伍军人事务部

E

eCTD：Electronic Common Technical Document，电子通用技术文件

EDR：Electronic Document Room，电子文档室

eDRLS：electronic Drug Registration and Listing，药品电子注册和上市系统

EMA：European Medicines Agency，欧洲药品管理局

EON IMS：Emergency Operations Network Incident Management System，紧急行动网络事件管理系统

EOP Ⅰ Meeting：End-of-Phase Ⅰ Meeting，Ⅰ期临床试验结束后会议

EOP Ⅱ Meeting：End-of-Phase Ⅱ Meeting，Ⅱ期临床试验结束后会议

EUA：Emergency Use Authorization，紧急使用授权

F

FDA：Food and Drug Administration，美国食品药品管理局

FDAA：Food and Drug Administration Act，《食品药品管理法案》

FDAAA：Food and Drug Administration Amendments，《食品药品管理法修正案》

FDAMA：Food and Drug Administration Modernization Act，《食品药品管理现代化法案》

FDASIA：Food and Drug Administration Safety and Innovation Act，《FDA安全及创新法案》

FD&C Act：Federal Food, Drug and Cosmetic Act，《联邦食品药品和化妆品法案》

FDF：Finished Dosage Form，最终剂型

FSA：Federal Security Agency，美国联邦安全署

FSMA：Food Safety Modernization Act，《食品安全现代化法案》

FTE：Full-Time Employee/Full-Time Equivalence，全职雇员

FY: Fiscal Year，财政年度，会计年度

G

GCP：Good Clinical Practice，药物临床试验质量管理规范

GDUFA：Generic Drug User Fee Act,《仿制药使用者付费法案》

GLP：Good Laboratory Practice，药物非临床研究质量管理规范

GMP：Good Manufacturing Practice，生产质量管理规范

GO：Office of Global Regulatory Operations and Policy，
全球监管运营及政策司

GRP：Good Review Practice，审评质量管理规范

GSP：Good Supply Practice，经营质量管理规范

H

HEW：Department of Health, Education, and Welfare，
美国卫生、教育和福利部，HHS 前身

HHS：Department of Health & Human Services，美国卫生及公共服务部

HPUS：Homoeopathic Pharmacopoeia of the United States，
美国顺势疗法药典

HSP：Human Subject Protection，人体受试者保护

HUDP：the Humanitarian Use Device Program，人道主义器械使用计划

I

IHGT：Institute of Human Gene Therapy，人类基因治疗研究所

IND：Investigational New Drug，新药临床研究，试验性新药

IRB：Institutional Review Boards，伦理审查委员会

IRs：Information Requests，信息请求

M

MAPPs：Manual of Policies and Procedures，政策及程序指南

MCM：Medical countermeasures，医疗措施

MDUFMA：Medical Device User Fee and Modernization Act，
《医疗器械使用者付费和现代化法案》

N

NCE：New Chemical Entity，新化学实体

NCTR：National Center for Toxicological Research，国家毒理研究中心

NDA：New Drug Application，新药上市申请

NDC：the National Drug Code，美国国家药品代码

NF：National Formulary，美国国家处方集

NIH：National Institutes of Health，美国国立卫生研究院

NIMS：the National Incident Management System，
美国国家突发事件管理系统

NME：New Molecular Entity，新分子实体

NLEA：Nutrition Labeling And Education Act，《营养标识和教育法案》

O

OC：Office of Compliance，合规办公室

OCC：Office of the Chief Counsel，首席顾问办公室

OCC：Office of Counselor to the Commissioner，局长顾问办公室

OCET：Office of Counterterrorism and Emerging Threats，

反恐怖和新威胁办公室

OCM：Office of Crisis Management，危机管理办公室

OCOMM：Office of Communication，通讯办公室

OCP：Office of Combination Products，组合产品办公室

OCS：Office of the Chief Scientist，首席科学家办公室

OD：Office Director，办公室主任

ODSIR：Office of Drug Security, Integrity, and Response，药品安全、完整和响应办公室

OEA：Office of External Affairs，对外事务办公室

OES：Office of Executive Secretariat，行政秘书处办公室

OFBA：Office of Finance, Budget and Acquisitions，财政、预算和采购办公室

OFEMSS：Office of Facilities, Engineering and Mission Support Services，设备、工程和任务支持服务办公室

OFVM：Office of Food and Veterinary Medicine，食品及兽药监管司

OGCP：Office of Good Clinical Practice，GCP 办公室

OGD：Office of Generic Drug，仿制药办公室

OHR：Office of Human Resources，人力资源办公室

OIP：Office of International Programs，国际项目办公室

OMB：Office of Management and Budget，美国行政管理与预算局

OMH：Office of Minority Health，少数族裔卫生办公室

OMPQ：Office of Manufacturing and Product Quality，生产及产品质量办公室

OMPT：Office of Medical Products and Tobacco，医疗产品及烟草监管司

OMQ：Office of Manufacturing Quality，生产质量办公室

OO：Office of Operation，运营司

OOPD：Office of Orphan Products Development，孤儿药开发办公室

OPDP：Office of Prescription Drug Promotion，处方药推广办公室

OPPLA：Office of Policy, Planning, Legislation and Analysis，

政策、规划、立法及分析司

OPRO：Office of Program and Regulatory Operations，

计划和监管运营办公室

OPT：Office of Pediatric Therapeutics，儿科治疗学办公室

ORA：Office of Regulatory Affair，监管事务办公室

ORSI：Office of Regulatory Science and Innovation，

监管科学和创新办公室

OSE：Office of Surveillance and Epidemiology，

药品监测及流行病学办公室

OSI：Office of Scientific Investigations，科学调查办公室

OSPD：Office of Scientific Professional Development，

科学专业发展办公室

OSSI：Office of Security and Strategic Information，

安全和战略情报办公室

OUDLC：Office of Unapproved Drugs and Labeling Compliance，

未批准药品和标签合规办公室

OWH：Office of Women’s Health，妇女健康办公室

P

PASE：Professional Affairs and Stakeholder Engagement，

专业事务和利益相关者参与

PASs: Prior Approval Supplements，事先批准补充申请

PC&B: Personal Compensation and Benefits，个人薪酬及福利

PDP: Product Development Protocol，产品开发方案

PDUFA: Prescription Drug User Fee Act,《处方药使用者付费法案》

PMA: Premarket Approval Application，上市前批准申请

PMDA: Pharmaceuticals and Medical Devices Agency，
日本药品及医疗器械综合机构

PMR: Premarket Report，上市前报告

PR: Priority Review，优先审评

PR: Primary Reviewer，主审评员

PRA: the Paperwork Reduction Act，文书削减法案

PREA: Pediatric Research Equity Act,《儿科研究公平法案》

R

REMS: Risk Evaluation and Mitigation Strategies，风险评估及缓解策略

RLD: Reference Listed Drug，参比制剂

RPM: Regulatory Project Manager，法规项目经理

S

SEC: The Securities and Exchange Commission，美国证券交易委员会

SPA: Special Protocol Assessments，特殊方案评估

SR: Standard Review，标准审评

T

TL: Team Leader，审评组长

U

USP：U.S. Pharmacopeia,《美国药典》

V

VP：Vice President，副总裁

W

WTO：World Trade Organization，世界贸易组织